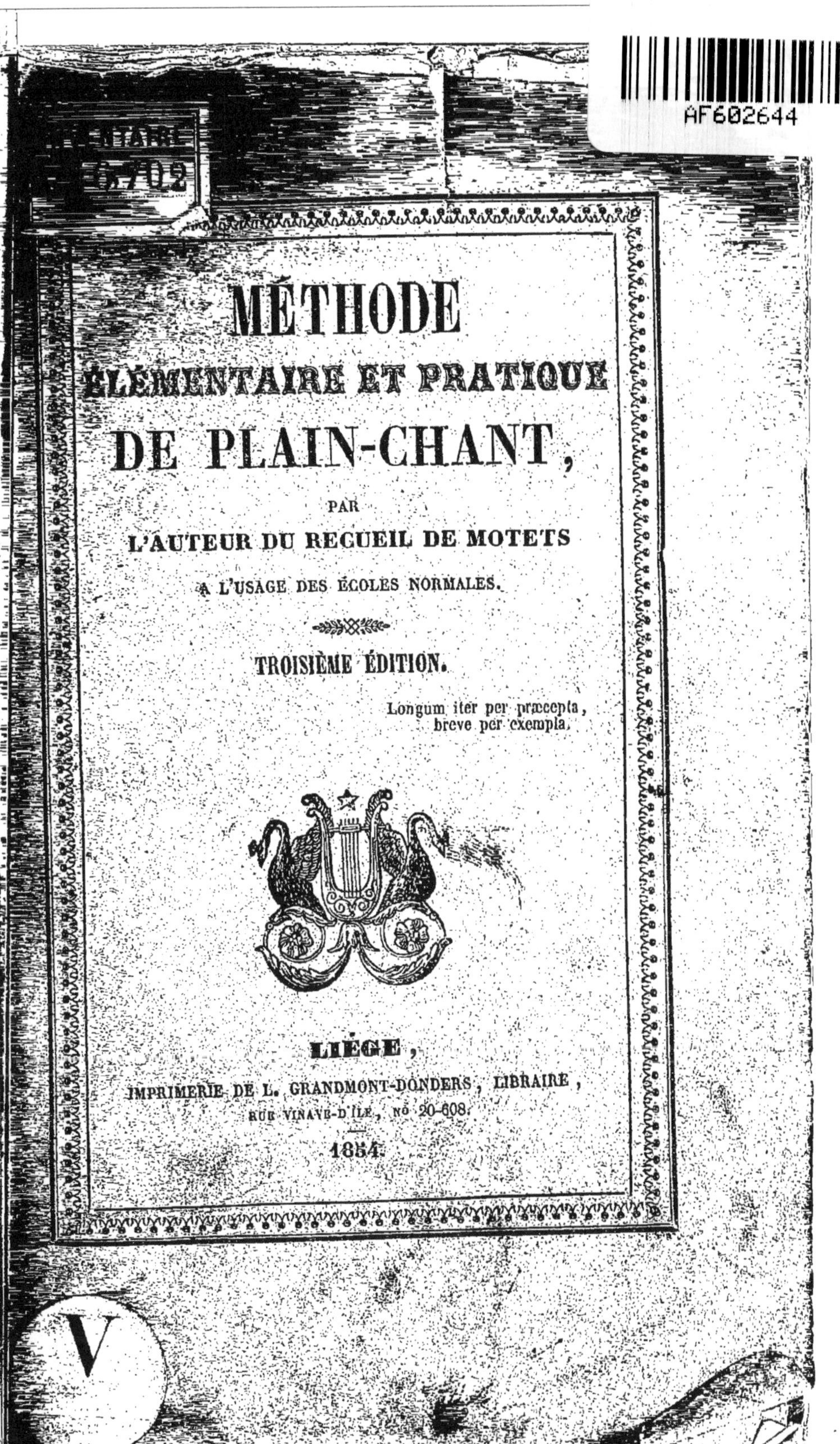

MÉTHODE ÉLÉMENTAIRE ET PRATIQUE DE PLAIN-CHANT,

PAR

L'AUTEUR DU RECUEIL DE MOTETS

A L'USAGE DES ÉCOLES NORMALES.

TROISIÈME ÉDITION.

Longum iter per præcepta,
breve per exempla.

LIÉGE,
IMPRIMERIE DE L. GRANDMONT-DONDERS, LIBRAIRE,
RUE VINAVE-D'ILE, Nº 20-608.
1854.

MÉTHODE

DE PLAIN-CHANT.

MÉTHODE

ÉLÉMENTAIRE ET PRATIQUE

DE

PLAIN-CHANT,

PAR

L'AUTEUR DU RECUEIL DE MOTETS

A L'USAGE DES ÉCOLES NORMALES.

TROISIÈME ÉDITION.

Longum iter per præcepta ;
breve per exempla.

LIÉGE,

IMPRIMERIE DE L. GRANDMONT-DONDERS, LIBRAIRE,

RUE VINAVE-D'ÎLE, N° 20-608.

1853.

Je soussigné éditeur propriétaire et imprimeur du présent ouvrage déclare en déposer un exemplaire conformément à l'article 2 de la convention du 22 août

Liège le 22 juin 1854.

Grandmont-Donders.

PERMITTIMUS IMPRESSIONEM.

Datum Leodii, 19^{a} Aprilis 1845.

H. NEVEN, Vic.-Gen.

DÉPOSÉ.

INTRODUCTION.

Le plain-chant tire son origine de la musique des anciens, c'est-à-dire, de celle des Romains, des Grecs et même des Hébreux. A l'époque où les premiers chrétiens voulurent introduire le chant dans les cérémonies de l'Église, ils ne firent autre chose, à ce que l'on croit, que de transporter sur des textes sacrés les chants placés sur les hymnes profanes, ou ils en adoptèrent d'autres, composés à l'imitation de ceux qui étaient alors en usage. Mais, par suite des révolutions qui s'opérèrent dans le rhythme oratoire, ces chants, qui originairement étaient mesurés selon le génie des anciens idiomes, perdirent eux-mêmes, dans cette transition d'un système à l'autre, leur rhythme primitif. Leurs sons, auparavant diversifiés de valeur, devinrent tous égaux en durée, et donnèrent naissance à un nouveau genre de mélodie appelé plain-chant, *cantus planus*, de l'uniformité de rhythme qui en faisait le caractère distinctif. (1).

Ce chant, dès la fin du quatrième siècle, avait acquis à peu près la forme qu'il possède encore aujourd'hui, comme on peut en juger par ce qui reste du recueil formé à cette époque par saint Ambroise, se conservé jusqu'à ce jour dans l'église de Milan. Mais

(1) Choron, fondateur du Conservatoire de musique religieuse, à Paris.

ce n'est que deux siècles après qu'il reçut des mains du pape saint Grégoire-le-Grand une constitution fixe et invariable. Ce saint Pontife établit à Rome une école de chantres, où trois cents ans après, on voyait encore l'original de son antiphonaire, avec le lit où il se reposait en chantant, et le bâton dont il se servait pour tenir les enfants en respect et diriger les études. Il fit de plus parmi les compositions alors connues, un choix de celles qui lui parurent le plus belles, et en forma, pour le service de l'Église un corps régulier et complet, qui subsiste encore aujourd'hui et qui est seul en usage à Rome et dans les églises où l'on suit les rits de l'Église romaine. Ce corps de chant est celui que l'on désigne spécialement sous la dénomination de chant romain ou de chant grégorien.

Quant aux qualités et aux avantages du plain-chant, malgré les critiques dont il peut être l'objet, on est forcé de reconnaître que ce genre de chant réunit plus que tout autre les qualités qui le rendent propre à sa destination. Sa gravité le met en rapport avec les cérémonies du culte divin, dont il forme lui-même un des accessoirs le plus important. Sa simplicité en rend l'accès on ne peut plus facile aux personnes qui sont appelées à en faire usage, et parmi lesquelles il s'en trouve peut-être beaucoup qui n'auraient point le temps ou ne posséderaient point les talents nécessaires pour se livrer avec succès à des études d'un genre plus relevé. Enfin, quoique les éléments peu nombreux et peu diversifiés dont il se compose, forment un obstacle à ses développements, on reconnaît que, lorsqu'ils sont mis en œuvre par une main habile, ils deviennent susceptibles d'offrir encore assez d'intérêt, d'expression et de beauté.

Un plain-chant bien composé offre donc des qualités réelles, des beautés même reconnues; pourvu toutefois qu'il soit exécuté par des chantres qui en connaissent les principes et qui sachent en appliquer les règles. Cependant, il faut avouer qu'il est souvent défiguré dans l'exécution par des chantres inhabiles et sans goût, tels qu'on en rencontre quelquefois dans les églises des villes et des campagnes; et l'on peut dire sans crainte qu'il y a peu de personnes aujourd'hui qui possèdent bien la science du plain-chant. Si l'on s'appliquait à en rechercher la cause première, peut-être la trouverait-on dans cette dédaigneuse indifférence, qui caractérise notre époque, pour tout ce qui concerne les choses saintes.

Cependant plusieurs ecclésiastiques voyant leurs églises menacées d'une entière pénurie de chantres, se sont empressés d'établir des écoles particulières, dans lesquelles ils consacrent leurs talents et leurs loisirs à faire revivre une science que de saints prélats n'ont pas dédaigné d'enseigner eux-mêmes. Et, grâce à leur zèle, le goût du chant ecclésiastique commence à se réveiller, et déjà l'on voit de modestes églises de campagne, dans lesquelles il est exécuté avec toute la gravité et toute la précision qui conviennent à la majesté des divins offices. Grâce aussi aux écoles normales qui ont été fondées par les Évêques de la Belgique, et où l'on fait du chant une étude toute spéciale.

C'est surtout pour seconder le zèle des élèves de ces utiles établissements, que nous avons composé cette méthode. Nous avons lu avec soin celles qui ont été publiées jusqu'à ce jour et nous en avons extrait tout ce qui nous a paru le plus instructif sur la théorie et la pratique du plain-chant. Fidèle à la maxime que nous avons adoptée, nous avons toujours placé l'exemple à côté du précepte.

La reconnaissance nous fait un devoir de mentionner ici la *Méthode complète et raisonnée du chant ecclésiastique*, qui nous a été d'un très-grand secours (1). Nous avons surtout profité du *Manuel du Chantre*, composé par M. Gomant, curé de Pervenchères (2), et souvent nous n'avons fait que copier textuellement cet excellent ouvrage.

Comme l'auteur que nous venons de citer, nous formons le vœu que cet ouvrage, entrepris à la gloire et à la louange de Dieu, contribue à l'éclat et à la majesté du culte divin, et nous mérite, ainsi qu'à ceux qui en feront usage, la grâce de chanter éternellement les miséricordes du Seigneur ! *Misericordias Domini in æternum cantabo.*

(1) Nous recommandons particulièrement cette Méthode à ceux qui sont chargés de l'enseignement du chant ecclésiastique.

(2) Paris, librairie d'Adrien Le Clerc, 1842.

MÉTHODE ÉLÉMENTAIRE

ET PRATIQUE

DE PLAIN-CHANT.

CHAPITRE PREMIER.

DES CARACTÈRES EN USAGE DANS LE PLAIN-CHANT.

1. *Des Lignes.*

Pour peindre la parole, on a imaginé les 24 lettres de l'alphabet ; de même pour figurer le chant, on a choisi quatre lignes horizontales en forme d'échelle, sur lesquelles on place les signes qui, par leurs figures et leurs différentes positions, désignent les diverses inflexions que la voix forme en chantant.

La réunion de ces quatre lignes s'appelle Portée, parce qu'elle renferme exactement la portée d'une voix ordinaire.

Lorsque la portée ne peut suffire pour écrire tous les caractères des sons, on ajoute une ligne supplémentaire au-dessus ou en-dessous. La portée est alors composée de cinq lignes. On compte les lignes en commençant par la plus basse.

Portée.

4
3
2
1

Les quatre lignes et les cinq espaces forment en tout neuf degrés.

Exemple :

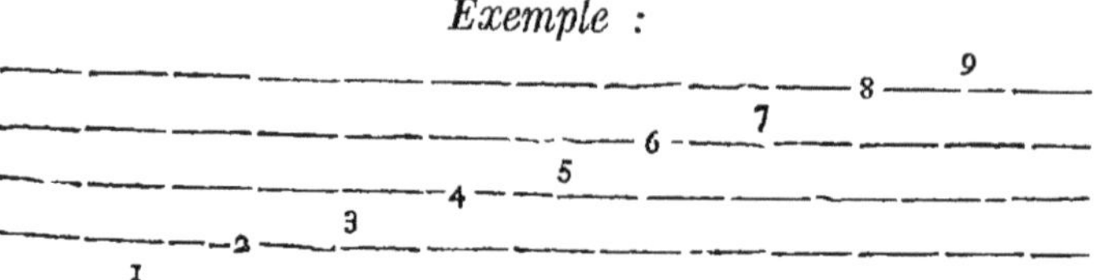

2. *Des Notes.*

Il y a dans le chant sept sons primitifs représentés par sept notes, qu'on répète au besoin, et que l'on peut regarder comme l'alphabet du chant, savoir : *ut*, *re*, *mi*, *fa*, *sol*, *la*, *si*, en montant, et *si*, *la*, *sol*, *fa*, *mi*, *re*, *ut*, en descendant. (1)

ut re mi fa sol la si, si la sol fa mi re ut.

Les anciens désignaient les sept sons primitifs par les sept premières lettres de l'alphabet, A B C D E F G, et leur gamme correspond à celle des modernes de la manière suivante :

A	B	C	D	E	F	G
la	si	ut	re	mi	fa	sol.

C'est à Gui d'Arezzo, moine italien, qui vivait dans le XIe siècle, qu'on attribue l'invention des notes *ut re mi fa sol la*, qu'il forma en prenant la première syllabe des six premiers vers de l'hymne de S. Jean-Baptiste : Ut *queant laxis* Resonare *fibris*, Mira *gestorum* Famuli *tuorum*, Solve *polluti* Labii *reatum Sancte Joannes.*

(1) On nomme maintenant la première note de la gamme : DO, pour éviter l'hiatus ou la rencontre de deux voyelles qui se heurtent : *Ré Ut*, *Fa Ut;* ce qui produit un effet désagréable dans les leçons de solfége. Nous conseillons aux élèves d'adopter cette innovation.

On distingue quatre espèces de notes, dont la figure exprime la valeur, c'est-à-dire la durée du son qu'elles représentent : la double, la quarrée, la brève et la quarrée à queue.

La double vaut deux quarrées réunies en un seul son. La quarrée ou commune est la plus ordinaire ; sa valeur équivaut au temps nécessaire pour chanter une syllabe longue. La brève ne vaut que la moitié de la quarrée ; on la place sur une syllabe brève dans la prononciation.

La quarrée à queue que l'on ne rencontre que rarement dans les livres de chant, et qu'il ne faut pas confondre avec la liaison entre deux quarrées vaut une quarrée et demie.

3. *Des clefs.*

Les clefs sont des signes que l'on place au commencement des portées pour déterminer les noms des notes qui y sont écrites. Ces caractères, en faisant connaître les noms et les degrés d'intonation que l'on doit donner aux notes, ouvrent pour ainsi dire la porte du chant, et c'est à cause de ce sens métaphorique qu'ils ont reçu le nom de clefs.

Il y a deux sortes de clefs dans le plain-chant : la clef d'ut , qui se pose sur la quatrième, la troisième et la deuxième ligne ; et la clef de fa , qui se place sur la troisième et la deuxième ligne. Cette clef, placée sur la deuxième ligne, fait le même effet que la clef d'ut placée sur la quatrième.

De la position des clefs dépend le nom de chaque note. Toutes les notes placées sur la même ligne que la clef d'ut sont des *ut*, toutes les notes placées sur la même ligne que la clef de fa sont des *fa*. D'où il est facile de trouver le nom des autres notes écrites au-dessus ou en-dessous de la clef. Elles se décomptent toujours dans cet ordre consécutif : *ut re mi fa sol la si ut* en montant, et *ut si la sol fa mi re ut* en descendant.

*Clef d'*Ut *sur la 4e ligne.*

*Clef d'*Ut *sur la 3e ligne.*

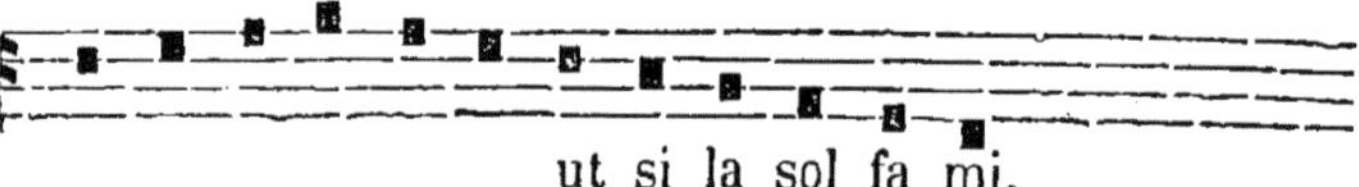

*Clef d'*Ut *sur la 2e ligne.*

Clef de Fa *sur la 3e ligne.*

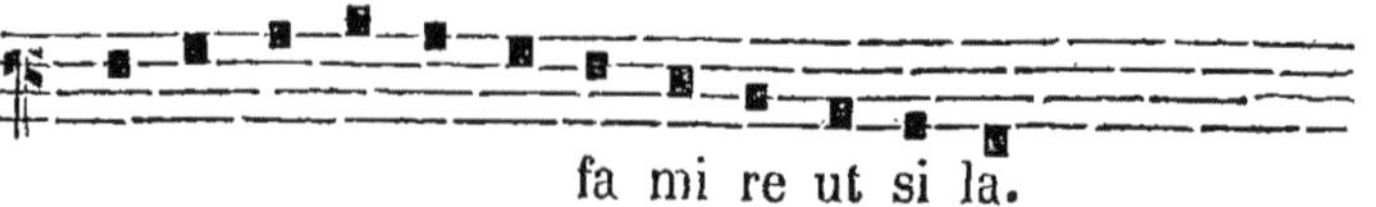

Clef de Fa *sur la* 2e *ligne.*

fa sol la si ut

si la sol la mi re ut.

L'élève qui désire faire des progrès rapides, doit, avant tout, s'appliquer à connaître les notes. C'est pourquoi avant de chanter, il s'exercera longtemps à les nommer, en commençant par des morceaux écrits avec la clef d'*ut* sur la 4e ou la 3e ligne. Il passera ensuite à la clef de *fa*. Nous l'avertissons qu'il perdra beaucoup de temps, s'il commence à chanter avant de connaître parfaitement les notes.

4. *Des barres.*

Les barres sont des lignes perpendiculaires qui coupent les quatre lignes de la portée. Ces barres ont différentes significations : les petites qui ne coupent que la moitié de la portée, marquent la séparation des mots ; les grandes qui coupent toute la portée, marquent la fin des phrases et de chaque vers d'une hymne ou d'une prose ; les doubles désignent la fin, soit de l'intonation, soit de la pièce ou du verset, et, en général, les passages d'une pièce qui se chante à deux chœurs.

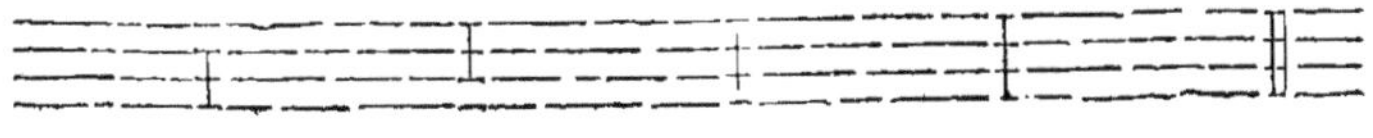

5. *Des Guidons.*

Le guidon est une petite note à queue, que l'on place à la fin d'une portée pour indiquer la note qui commence la portée suivante. Il sert aussi à indiquer la première note qui suit les changements de clefs dans la portée.

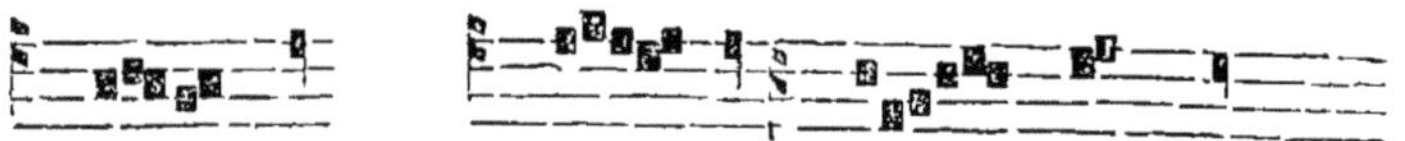

Il ne faut pas confondre ce guidon avec le guidon d'intonation dont nous parlerons plus loin.

CHAPITRE II.

DE LA GAMME ET DES TONS DONT ELLE EST COMPOSÉE.

On appelle gamme l'ordre des sept notes, quand elles se suivent immédiatement, soit en montant, soit en descendant.

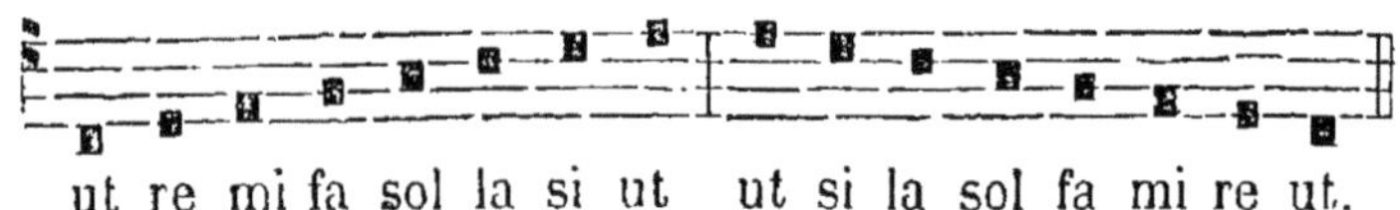

Il faut observer que la voix, soit en montant, soit en descendant la gamme, ne met pas la même distance entre chaque note. La distance d'*ut* à *re*, la plus grande qui existe entre deux notes, est d'un ton entier. Au contraire, la distance entre *mi* et *fa*, entre *si* et *ut* est à peu près de moitié plus petite que celles qui se trouvent entre les autres notes ; elle n'est que d'un demi-ton.

Voici le tableau des tons et des demi-tons de la gamme.

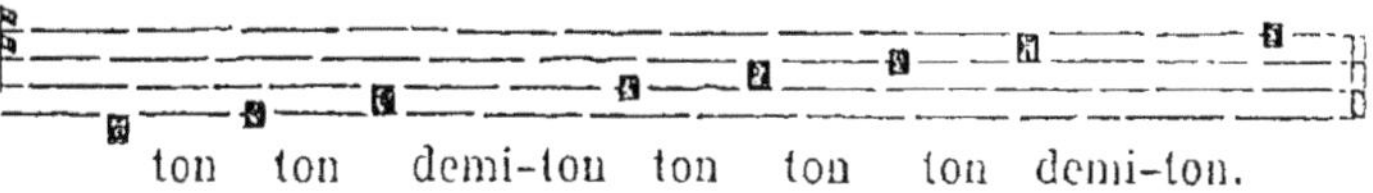

Il y a donc dans l'étendue de la gamme lorsqu'on y joint l'octave *ut*, qui est la répétition du premier degré, cinq tons et deux demi-tons.

L'ordre des tons et des demi-tons, tel que nous venons de l'indiquer, peut varier et varie souvent par la rencontre de deux signes, qui sont le bémol et le dièse, dont l'effet, dans le chant, est d'adoucir la note devant laquelle ils se trouvent.

Du bémol.

Le bemol ♭ ne se place dans le plain-chant, que devant le *si*, qu'on prononce alors *za*. Il indique que le *si* doit être baissé d'un demi-ton. Dans ce cas, il n'y a plus qu'un demi-ton entre *la* et *za*, tandis qu'il se trouve un ton plein entre *za* et *ut*.

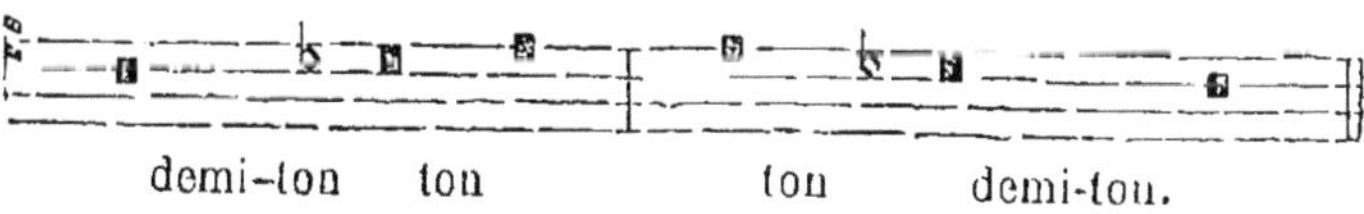

On distingue deux sortes de bémols : le continuel et l'accidentel.

Le bémol continuel se place immédiatement après la clef et il influe sur toutes les notes qui se rencontrent sur la même ligne.

Le bémol accidentel est celui qui se rencontre çà et là dans le cours de la pièce ; il n'influe que sur la note devant laquelle il se trouve.

Du dièse.

Le dièse ♯, peu usité dans le plain-chant, indique d'adoucir la note devant laquelle il est placé, en la haussant d'un demi-ton. L'*ut* et le *fa* sont les notes les plus sujettes à être diésées.

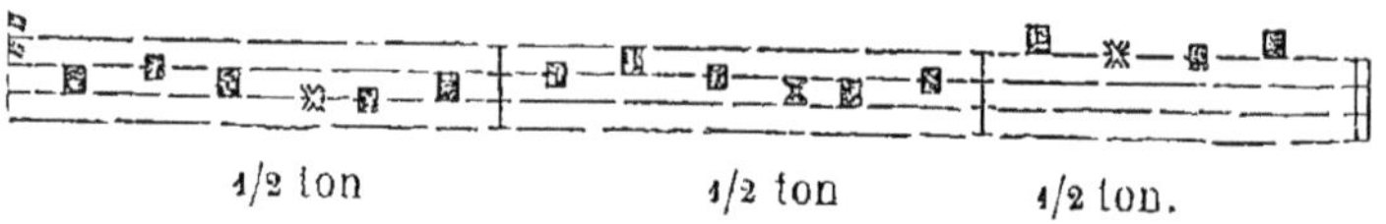

On rencontre assez fréquemment dans les livres de chant des pièces mal notées, dans lesquelles le bémol et le dièse ne sont pas marqués, où il serait nécessaire. Nous donnerons là-dessus des règles particulières au chap. VII.

L'usage du bémol et du dièse nécessite dans le chant l'emploi d'un autre signe appelé bécarre.

Du bécarre.

Le bécarre ♮ est un signe qui détruit l'effet du bémol ou du dièse et remet la note dans son ton naturel.

CHAPITRE III.

DES INTERVALLES OU DEGRÉS.

On appelle intervalle ou degré la distance qui se trouve entre deux notes.

Il y a deux sortes d'intervalles : le conjoint et le disjoint. Un intervalle est conjoint quand les notes qui le forment se suivent immédiatement dans l'ordre de la gamme, en montant ou en descendant ; ainsi d'*ut* à *re*, de *re* à *mi* l'intervalle est conjoint. Ce degré s'appelle seconde majeure ou mineure. La seconde est majeure quand elle renferme un ton entier, comme d'*ut* à *re*, et elle est mineure quand elle ne renferme qu'un demi-ton, comme de *mi* à *fa*.

L'intervalle disjoint ou séparé est celui qui se trouve entre deux notes, qui ne se suivent pas immédiatement dans l'ordre de la gamme ; comme d'*ut* à *mi*, de *ut* à *fa*. Il y a dans le plain-chant six intervalles disjoints, savoir : la Tierce, la Quarte, la Quinte, la Sixte, la Septième et l'Octave. Ces différents degrés se divisent en majeurs et en mineurs.

La Tierce majeure comprend deux tons pleins, comme *ut mi*, *fa la*, *sol si*. La Tierce mineure comprend un ton plein et un demi ton, comme *re fa*, *mi sol*, *la ut*.

La Quarte majeure comprend trois tons pleins, exemple : *fa si* ; elle est inusitée dans le plain-chant. La Quarte mineure comprend deux tons et un demi-ton, comme *ut fa*, *re sol*, *mi la*, etc.

La Quinte majeure renferme une tierce majeure et une tierce mineure, comme *ut sol*, *re la*. La Quinte mineure ne renferme que deux tierces mineures, comme *si fa*.

La Sixte ou sixième ne se trouve que rarement dans le plain-chant.

La septième forme une chute désagréable et inusitée. On la rencontre cependant dans la strophe *Lava quod est sordidum*, de la prose *Veni sancte Spiritus*.

Enfin l'Octave *ut ut* est toujours de cinq tons et deux demi-tons.

Lorsque l'élève connaîtra les différents caractères en usage dans le plain-chant, lorsqu'il aura surtout appris à nommer exactement les clefs et les notes, il commencera à chanter la gamme d'*ut* en l'exerçant par différents intervalles. Nous ne saurions trop recommander l'usage des gammes. C'est l'alphabet du chant.

Gamme simple.

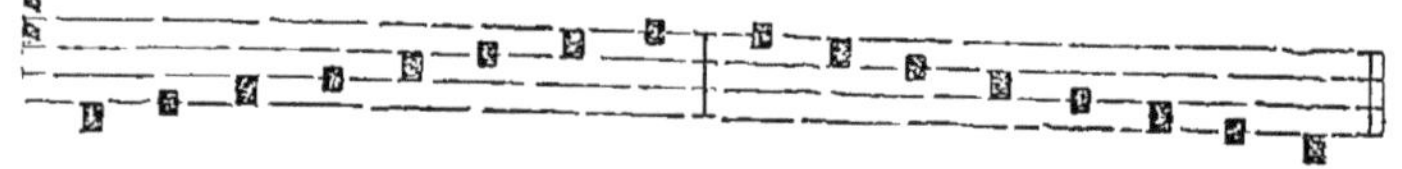

Gamme par secondes.

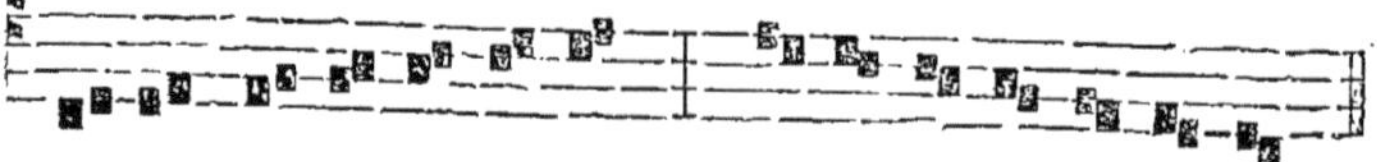

Par tierces.

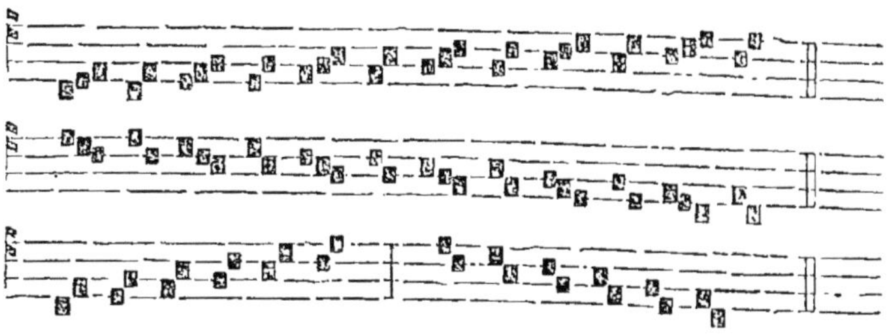

Par quartes.

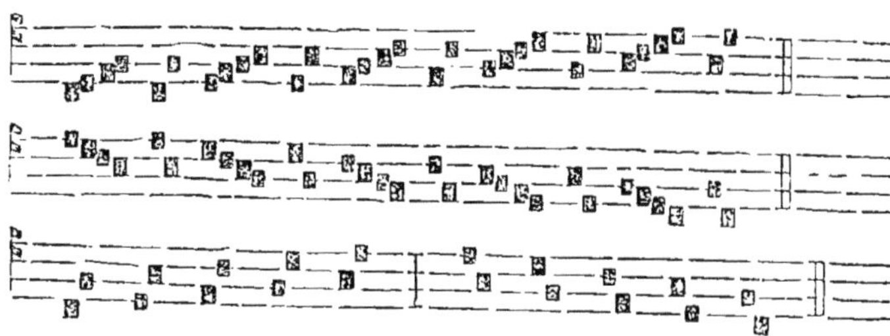

Par quintes.

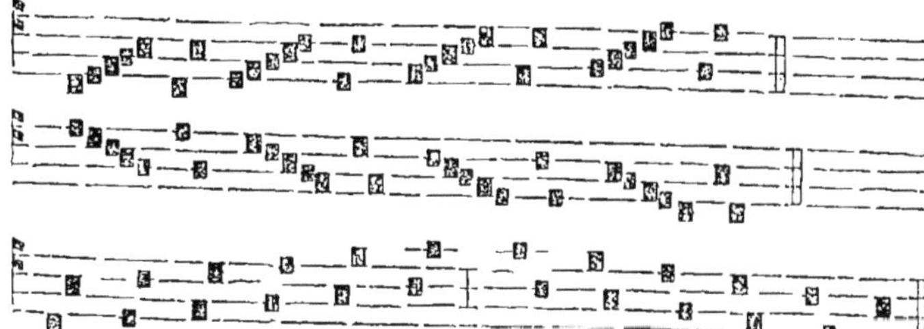

Par sixtes.

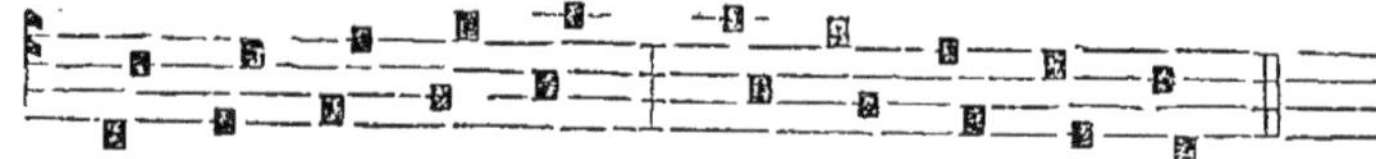

Par septièmes.

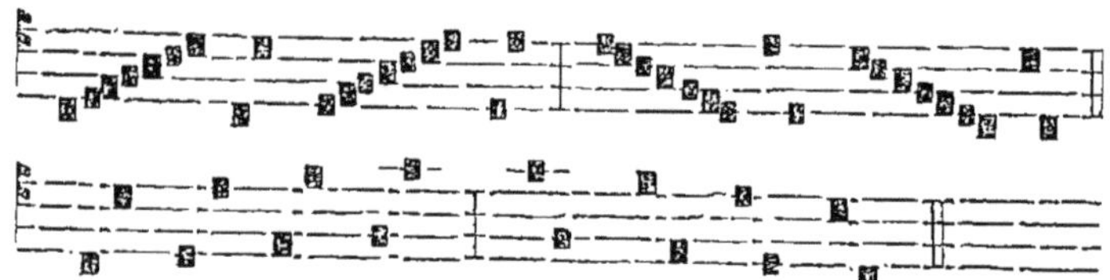

Par octaves.

Récapitulation.

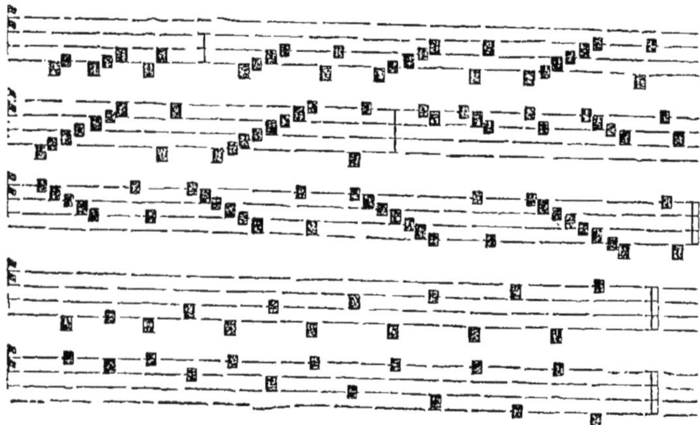

CHAPITRE IV.

DES MODES.

Le mode est la manière d'être d'une gamme. On a remarqué précédemment que la gamme est composée de cinq tons et de deux demi-tons. Or la combinaison différente des tons et des demi-tons est ce qui forme la différence des modes.

Il n'y a, à proprement parler, que deux modes : le mode majeur et le mode mineur.

Dans le mode majeur, les demi-tons sont placés du 3e au 4e degré de la gamme, et du 7e au 8e ; tandis que, dans le mode mineur, le premier demi-ton se trouve placé entre la 2e et la 3e note, le second, entre la 5e et la 6e.

Mode majeur.

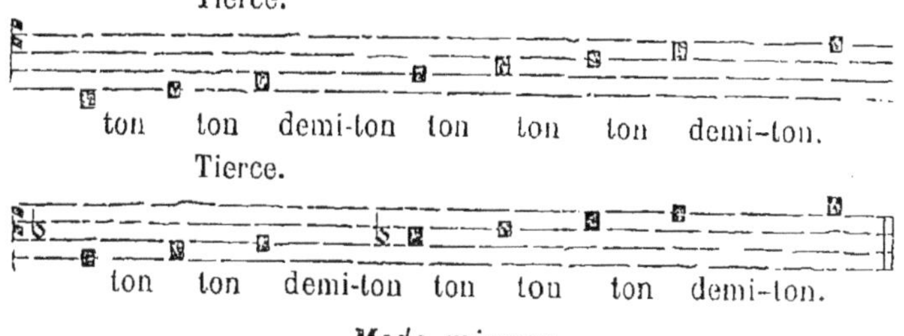

Mode mineur.

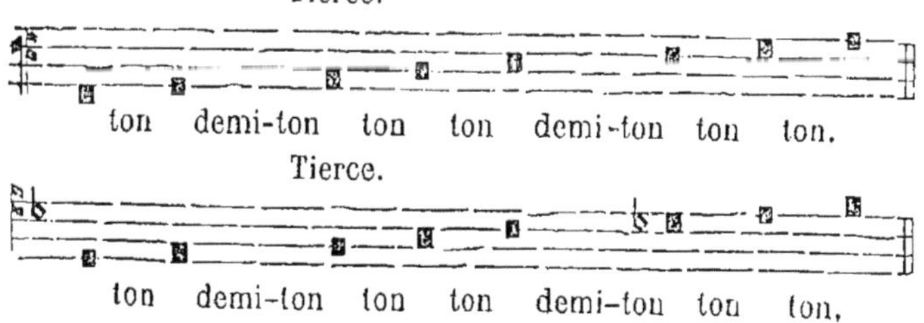

Voici un moyen facile de distinguer le mode majeur du mode mineur. Si, de la tonique à la tierce, il y a deux tons pleins, le mode est majeur ; si, de la tonique à la tierce, il n'y a qu'un ton et demi, le mode est mineur.

Il est de la plus grande importance pour l'intonation de savoir distinguer la gamme majeure de la gamme mineure; c'est pourquoi nous recommandons à l'élève de chanter celles que nous avons notées ci-dessus, pour qu'il apprenne bien à les distinguer. Après les avoir chanté avec justesse et avec assurance, il s'habituera pendant quelque temps aux principales notes de chaque mode. Lorsqu'il y sera parvenu, on peut dire qu'il a trouvé la clef du chant; car, le chant n'est autre chose qu'une suite de notes prises dans l'une ou l'autre gamme.

MODE MAJEUR.

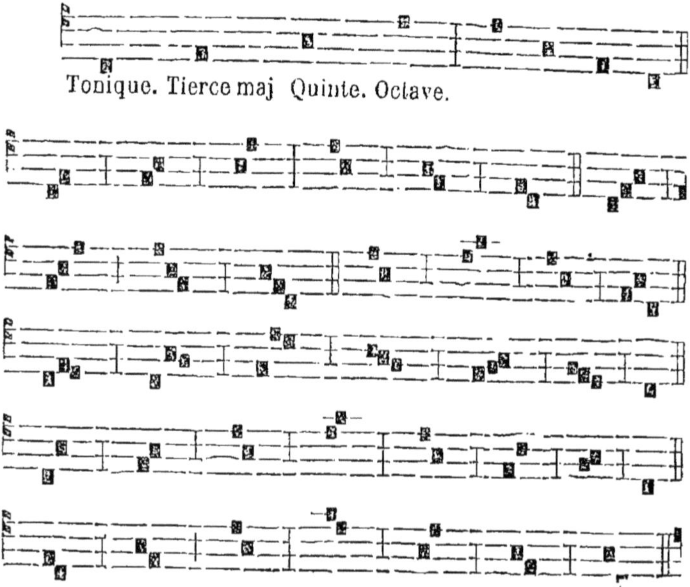

MODE MINEUR.
Tonique. Tierce min. Quinte Octave.

CHAPITRE V.

APPLICATION DES PAROLES AUX NOTES.

L'élève jusqu'ici ne s'est exercé qu'à chanter des notes, parce qu'il est essentiel qu'il sache exactement chanter la note avant de commencer à chanter la lettre. Autrement il s'expose, ou à se rendre la voix fausse, ou à contracter une routine qui rend inhabile à devenir jamais parfait dans le chant. Voici maintenant comment il faut débuter dans l'application des paroles aux notes. Il faut :

1° Suivre le même ordre que pour l'intonation des notes, c'est-à-dire, commencer, par la clef d'*ut* sur la quatrième ligne et ne passer que successivement aux autres clefs.

2° Choisir les pièces de chant les plus faciles, où il n'y ait qu'une ou deux notes sur chaque syllabe, comme *Victimæ paschali*, *Lauda Sion;* et dans le commencement chanter les notes trois ou quatre à la fois avant d'appliquer les paroles.

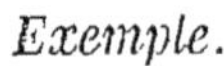

3° Lorsqu'on s'aperçoit qu'on s'est trompé, on reprend le chant de la note, et ensuite on réapplique la lettre.

4° Quand on rencontre des intervalles difficiles à saisir, on peut facilement obvier à cette difficulté en remplissant l'intervalle par degrés conjoints et en pratiquant les exercices du chap. III; par exemple, si l'on trouve *ut fa* allant du grave à l'aigu, il faut solfier comme dans les quartes *ut re mi fa*, et chanter ensuite *ut fa;* si l'on trouve *ut la*, il faut nommer et parcourir tous les degrés de l'intervalle, *ut re mi fa sol la*, et ajouter *ut la*; et ainsi des autres intervalles.

5° Dans les pièces où il y a plusieurs notes sur chaque syllabe, il faut bien remarquer les notes qui sont liées sur la même syllabe et celles qui ne le sont pas, afin de donner à chaque syllabe le nombre de notes qui lui convient.

6° De plus, il faut distinguer avec soin les notes liées sur une même syllabe en pesant doucement sur chacune, sans aspirer, sans faire *ha*, *ha*, *ha*, *he*, *he*, *he*, comme font quelques-uns, lorsqu'ils ont plusieurs notes à chanter sur un *a*, ou sur un *e*.

7° Il est encore à remarquer que, quand une syllabe chargée de plusieurs notes finit par une consonne sensible, comme dans *Alma*, *Sanctus*, etc., il ne faut faire sentir la consonne que sur la dernière note de la syllabe. Ainsi, on ne dira pas *Al*, *al*, *al* sur chaque note de la première syllabe, mais il faut chanter *a*, *a*, *a*, *alma*, et ne faire sentir l'*l* qu'à la dernière note; de même pour *Sanctus*, on chantera *Sa*, *a*, *a*, *a*, *anctus*, ne faisant sentir l'*n* et le *c* qu'à la dernière note.

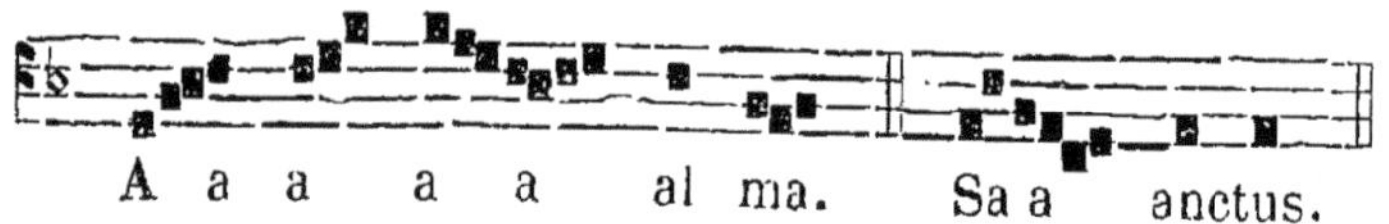

8° Enfin il faut dès ce moment éviter tous les défauts qui rendent le chant désagréable; comme de chanter du nez ou de la gorge; de contrefaire sa voix ou de la forcer, suivant le mauvais exemple de ceux qui, en certains endroits, où leur voix leur semble plus belle et plus sonore, la poussent davantage pour se faire entendre; de faire des contorsions de la bouche, ou des mouvements ridicules de la tête et de tout le corps.

CHAPITRE VI.

DE LA PRONONCIATION.

Il n'est rien qui rende le chant plus désagréable qu'une prononciation vicieuse. C'est pourquoi l'élève apportera le plus grand soin à former des sons purs et naturels, en prononçant correctement les voyelles *a e i o u*.

La voyelle *a* n'est susceptible d'aucune modification, sinon de celle de sa durée : *Alma*, *Abraham*.

Une nouvelle méthode distingue deux sortes d'*e* dans le latin, savoir : l'*é* fermé, qui doit se prononcer comme en français dans les mots *pénétré*, *décédé* ; et l'*e* ouvert, comme en français dans les mots *perception*, *il cessa.*

L'*e* est toujours fermé quand il forme seul une syllabe, comme dans *erit*, *epistola;* ou quand il termine la syllabe, comme dans *regenerare*, *benedicite.* Il est encore fermé quand il forme diphtongue et syllabe seul avec *a* ou *o*, comme dans *fœcundæ.*

L'*e* est ouvert lorsqu'il est suivi d'une consonne formant syllabe avec lui, comme dans *septem*, *dies*, *essem*, *excelsis.*

Les voyelles *i*, *o*, *u*, ne sont guères susceptibles d'une articulation vicieuse pour ceux qui n'aiment pas à les dénaturer. Elles ont la prononciation française contenue dans les mots suivants : *régularité*, *moralité*, *Dominus*, *hominibus.* Cependant *u* approche du son de l'*o* devant *m* et *n;* car on prononce *cum*, *com*, *Dominum*, *Dominom*, *annuntiabunt*, *annontiabont.*

Dans les hiatus, c'est-à-dire, quand un mot se termine par une voyelle et que le mot suivant commence aussi par une voyelle, comme *ecce enim*, *corda ardent*, *ortu usque*, il faut bien se garder de confondre les deux mots ensemble par une liaison, *eccenim*, *cordardent*, *ortusque*, mais il faut avoir soin de les séparer par un court repos après la dernière note du premier mot, *ecce * enim.*

D'un autre côté, il ne faut pas non plus ajouter dans les mots des voyelles qui ne s'y trouvent pas. Ainsi prononcez *Isaac*, et non *Isaiac ; Chanaan* et non *Chanaian*, *Sabaoth* et non *Sabaioth.*

La prononciation sur la durée des syllabes dans les différents mots, est ce qu'on appelle *prosodie* ou connaissance des syllabes *longues* et *brèves*. Voici quelques règles applicables à la prosodie psalmodique dont il est question ici.

Quand un mot latin est composé de deux syllabes, la première est toujours longue dans la prononciation, comme *Pàter*, *Déus méus*, *môdo*, *vîa*.

Quand un mot a trois syllabes, la première est toujours longue, et la deuxième, ou l'avant-dernière, est longue ou brève selon les règles de la poésie.

Comme ces règles sont très-multipliées et hors de la portée du plus grand nombre des chantres, on a pris le parti, dans quelques livres de chant, de mettre un accent sur celle des syllabes qui est longue; exemples : *Laudâte*, *beâtus*, *timôre*.

Si l'avant-dernière est brève, on recule l'accent sur la première syllabe. C'est sur celle-là qu'il faut appuyer, et l'on prononcera la seconde brève; exemples : *pûeri*, *Dôminum*, *pôpuli*, *prîncipes*.

CHAPITRE VII.

DES TONS.

Le mot *Ton* peut se prendre en trois manières : 1° pour le son de la voix. C'est en ce sens que l'on dit à quelqu'un, *prenez le ton*, *donnez moi le ton*, *chantez le même ton*.

2° Pour la distance qu'il y a d'une note à l'autre, par exemple, d'*ut* à *re*, ou de *re* à *mi*, il y a un ton. C'est sa plus naturelle signification.

3° Pour le caractère particulier d'un morceau de chant. C'est en ce sens qu'il est pris lorsqu'il est question des tons de l'église dont nous allons parler dans ce chapitre.

Il y a huit tons, qui sont huit sortes de chant, ou modes auxquels on peut rapporter tout ce qui se chante dans l'office de l'église.

Chaque mode a un caractère mélodique particulier. Le premier est le plus riche de tous : c'est aussi celui qui est employé le plus fréquemment. Les anciens lui donnent le nom de *gravis*, terme que justifie sa marche grave et pompeuse ; il peut peindre toute sorte de sentiments. Le second mode est le plus triste ; aussi lui donne-t-on l'épithète de *tristis*. Il est surtout propre aux sujets lugubres, aux chants qui expriment la misère, la tristesse, l'humiliation. Le troisième mode a reçu la qualification de *mysticus;* on l'emploie avec succès pour peindre les sentiments véhéments. Le quatrième est surnommé *harmonicus;* il exprime parfaitement la componction et la supplication. On a qualifié le cinquième mode de *lætus;* il est en effet brillant et convient aux pièces, où doivent être exprimées, la confiance et la joie. L'épithète *devotus* a été donnée au sixième mode, parce qu'il est empreint du caractère distinctif de la prière. Le septième mode est le plus élevé, on lui donne le nom d'*Angelicus.* Enfin, le huitième est appelé *perfectus*, parce qu'il était destiné à perfectionner le système adopté par les anciens (1).

Les tons se divisent en impairs et en pairs. Les tons impairs sont le premier, le troisième, le cinquième et le septième. Ces quatre tons sont appelés authentiques, parce que, dans la primitive église, ils étaient seuls connus. On les appelle aussi supérieurs, parce qu'ils ont leur étendue au-dessus de la finale.

Les tons pairs sont le deuxième, le quatrième, le sixième et le huitième. Ces tons sont appelés plagaux, parce qu'ils ont été admis après les authentiques et faits à leur imitation. On les appelle aussi inférieurs, parce qu'ils ont leur étendue au-dessous de la finale.

Le moyen de connaître le ton d'une pièce de chant est d'en distinguer la finale et la dominante.

La finale est la dernière note du morceau, la dominante est la note qui occupe à peu près la moitié de la modulation, la note sur laquelle le chant revient le plus souvent.

(1) Manuel des Organistes.

			FINALE.	DOMINANTE.
Premier	ton,	*primi*	re	la
Deuxième	ton,	*secundi*	re	fa
Troisième	ton,	*tertii*	mi	ut
Quatrième	ton,	*quarti*	mi	la
Cinquième	ton,	*quinti*	fa	ut
Sixième	ton,	*sexti*	fa	la
Septième	ton,	*septimi*	sol	re
Huitième	ton,	*octavi*	sol	ut

Du tableau qui précède s'ensuivent quatre propositions, savoir :

I. Si un morceau de plain-chant fini par un *re*, il est du premier ou du deuxième ton.

II. S'il se termine par un *mi*, il appartient au troisième ou au quatrième ton.

III. Si sa finale est *fa*, le morceau doit être du cinquième ou du sixième ton.

IV. Si enfin la dernière note d'une pièce est *sol*, le plain-chant est écrit dans le septième ou dans le huitième ton.

Voilà donc la difficulté de discerner les tons du plain-chant beaucoup restreinte : avec une finale connue, il ne s'agit plus que de choisir entre deux tons seulement; et alors, pour décider avec certitude, il faut simplement savoir quelle est la dominante du morceau dont on connaît la finale.

Si la pièce de chant que j'ai sous les yeux a pour finale *re*, je suis sûr qu'elle est du premier ou du deuxième ton, puisque cette finale ne peut avoir pour dominante que *la* ou *fa*. Si c'est *la* qui occupe plutôt le milieu de l'étendue de la modulation, si cette note reparaît le plus souvent, le morceau est du premier ton.

Au contraire, si c'est *fa* qui est dominante, alors le plain-chant appartient au deuxième ton.

D'après ces indications il sera facile d'établir le ton dans lequel sont écrits les exercices suivants.

Gamme du premier ton.

Quoique le dièse ne se trouve pas comme caractère dans les livres de chant, on est souvent obligé de le faire où il n'est pas marqué (1). Chaque ton a ses règles particulières; voici celles du premier ton.

1re RÈGLE. — Il faut un dièse à l'*ut* lorsqu'il est placé entre deux *re* et que l'on fait un repos sur le dernier.

2me RÈGLE. — Il faut un *sol* dièse toutes les fois qu'il est précédé d'un *si* naturel, qu'il est placé entre deux *la* et qu'on se repose sur le dernier *la*.

(1) De savants musiciens ont prouvé que les dièses sont étrangers au plain-chant, et qu'il faudrait les éliminer, si l'on voulait ramener les mélodies grégoriennes aux véritables principes du chant religieux. Cependant la coutume d'employer le dièse est trop générale pour qu'on puisse la réformer. Mais, s'il est impossible d'écarter entièrement les dièses, du moins ne faut-il pas les multiplier. En général, il vaut mieux en faire moins que d'en faire trop. « Le trop fréquent emploi du demi-ton ascendant, dit M. FELTZ, » a été surtout introduit par les organistes qui n'emploient que l'harmonie » moderne pour accompagner le plain-chant, attendu que le ton entier leur » présente souvent de la difficulté. Nous croyons pourtant que le caractère de » l'antique et sublime chant Grégorien ne doit pas être sacrifié aux exigences » de cette harmonie moderne, qui, par suite de ses dissonances caractéristi- » ques, ne répond nullement à la simplicité et à la gravité du plain-chant. » *Pratique du plain-chant*, *Langres*, 1846.

Hymne du temps paschal.

Il est difficile de donner des règles exactes sur l'emploi du bémol. Il est continuel dans le 1er, le 5e et le 6e ton : il est accidentel dans tous les autres. Dans les bonnes éditions de livres de chant on a soin de l'indiquer.

GAMME DU DEUXIÈME TON.

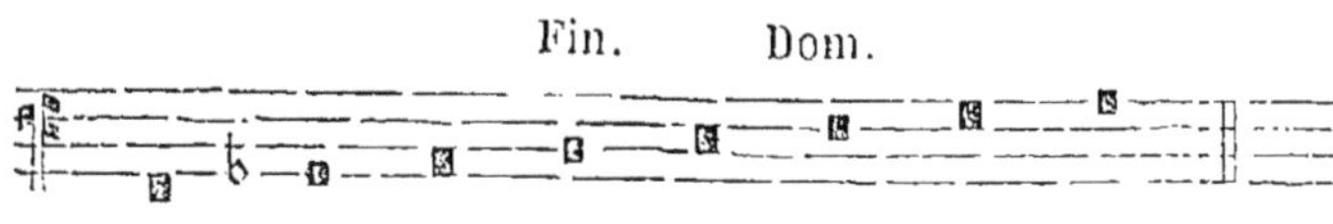

RÈGLE. — Il faut un dièse à l'*ut* lorsqu'il se trouve entre deux *re* et que l'on fait un repos sur le dernier ; ce qui n'a lieu ordinairement qu'à la fin des phrases.

Hymne du Carême.

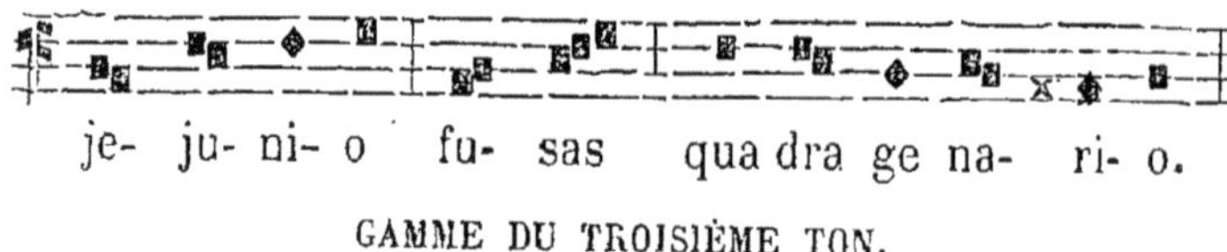

GAMME DU TROISIÈME TON.

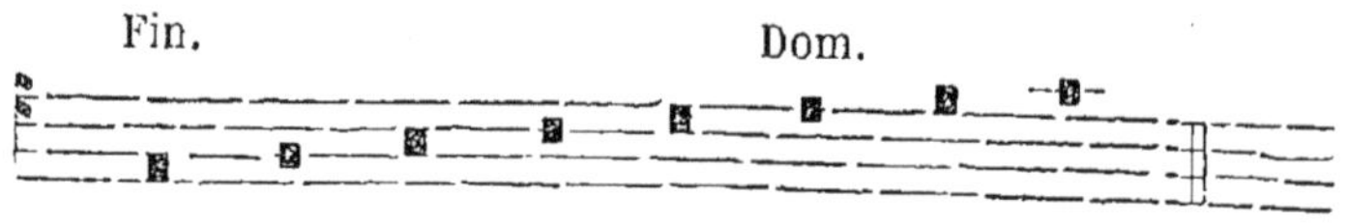

Hymne du saint Sacrement.

GAMME DU QUATRIÈME TON.

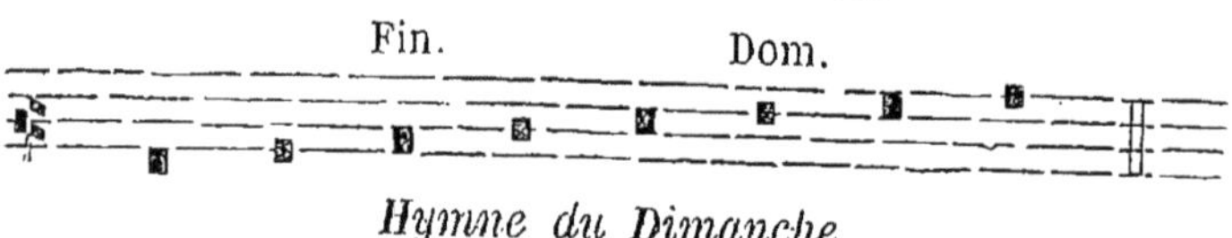

Hymne du Dimanche.

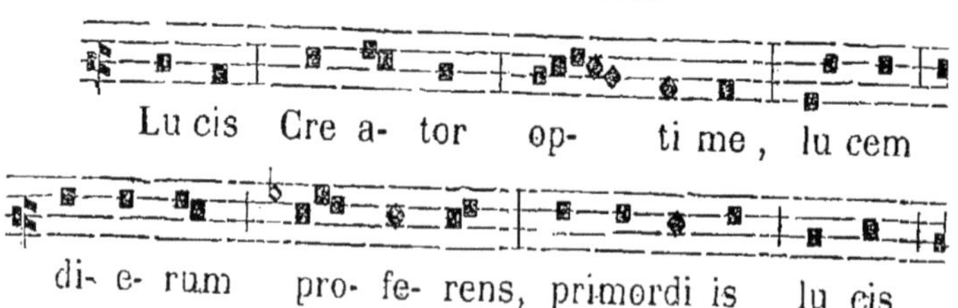

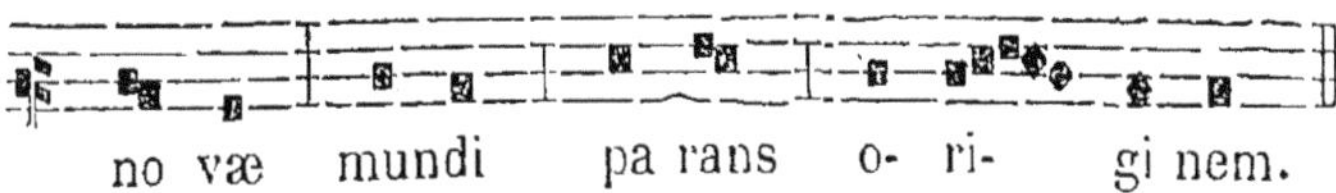

RÈGLE. — Il faut un *sol* dièse dans le 4e ton, toutes les fois qu'il se trouve entre deux *la*, et qu'on se repose sur le dernier.

GAMME DU CINQUIÈME TON.

GAMME DU SIXIÈME TON.

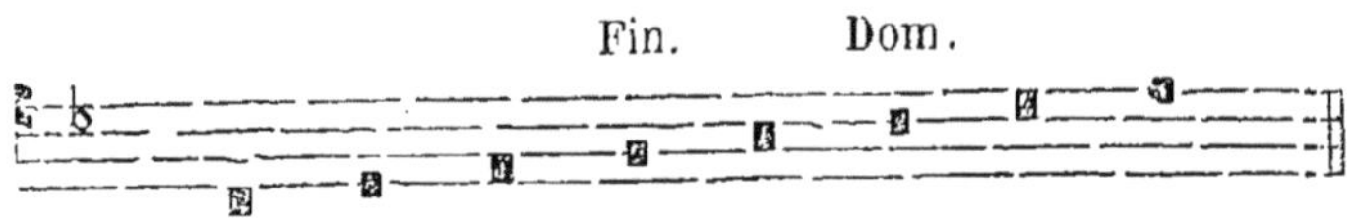

Hymne du sixième ton.

GAMME DU SEPTIÈME TON.

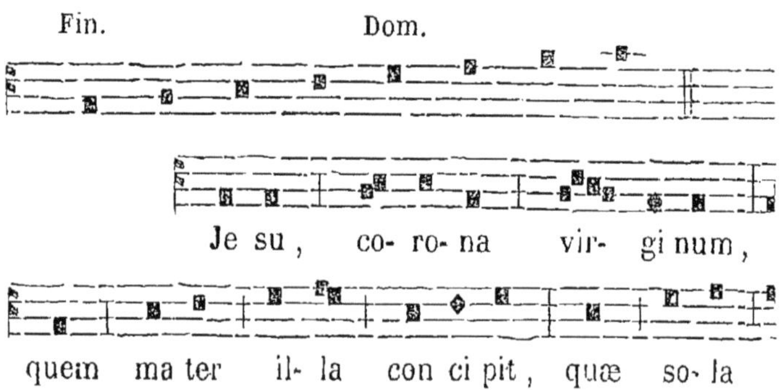

RÈGLE. — Le *fa* qui est au-dessus de la dominante n'est jamais dièse. Le *fa* qui est au-dessous de la finale est souvent dièse, à moins qu'on ne se repose sur ce *fa*.

GAMME DU HUITIÈME TON.

RÈGLE. — Dans le 8e ton le *fa* est dièse lorsqu'il se trouve entre deux *sol* et qu'on se repose sur le deuxième ou sur un autre *sol* peu éloigné.

Hymne de la Pentecôte.

CHAPITRE VIII.

DES NEUMES.

La *Neume*, qu'on appelle en grec *Pneuma*, et en latin *jubilum*, est une suite de notes, sans paroles, que l'on ajoute à la fin des antiennes, des versets ou des alleluia. Ces neumes ou jubilations, suivant saint Augustin, sont plus propres à marquer la plénitude de joie, qui doit accompagner nos prières, que les paroles mêmes avec lesquelles nous les formons : et rien, selon ce père, n'est plus digne de la grandeur de Dieu, à laquelle nos paroles ne peuvent répondre : « *Car, à qui convient une telle jubilation*, dit-il, *si ce n'est à l'Être ineffable? Et comment célébrer cet Être ineffable lorsqu'on ne peut ni se taire, ni rien trouver dans ses transports qui les exprime, si ce n'est des sons inarticulés.* »

TABLEAU DES NEUMES PROPRES A CHAQUE TON.

1er Ton.

Al le lu- ia.

2e Ton.

Dirigatur o ra ti- o me a.

3e Ton.

Al le lu- ia.

4e Ton.

In æ- ter num.

5e Ton.

Al le- lu- ia.

6e Ton.

De us tu- us.

7e Ton.

Al le- lu- ia.

8e Ton.

Do mi no.

CHAPITRE IX.

DE LA PSALMODIE.

La Psalmodie est l'art de chanter régulièrement les psaumes et les cantiques évangéliques. C'est la partie la plus belle et la plus importante de l'office divin. Il n'est rien, en effet, de plus touchant que d'entendre exécuter avec recueillement et avec goût, ces beaux cantiques qui nourrissaient la piété des Saints de l'ancien Testament et des Fidèles de la primitive Église. C'est pourquoi l'on doit apporter un soin et une exactitude extrêmes à les chanter selon les règles de la Psalmodie.

Il y a quatre choses à distinguer dans la Psalmodie, savoir : l'Intonation, la Dominante, la Médiation et la Terminaison.

L'intonation est la modulation qui commence le chant d'un psaume ou d'un cantique jusqu'à la dominante. Dans le chant des psaumes, l'intonation n'a lieu qu'au premier verset; dans les cantiques, *Magnificat* et *Benedictus*, elle se répète au commencement de chaque verset.

La dominante est une suite directe de mêmes notes depuis l'intonation jusqu'à la médiation, et depuis la médiation jusqu'à la finale.

La médiation ou médiante est la variation qui précède immédiatement le repos qui se fait au milieu de chaque verset des psaumes. Ce repos est toujours marqué par une petite étoile *, que l'on nomme astérisque.

La terminaison ou finale est le chant varié qu'on établit sur les dernières syllabes de chaque verset du psaume. Elle est quelquefois représentée par les 6 voyelles de *sæculorum amen*, e u o u a e.

On a introduit dans la psalmodie un grand nombre de terminaisons, afin de la rendre plus agréable par la variété. L'utilité, dit l'abbé Lebeuf, qu'on trouva à rendre la fin de chaque verset des psaumes plus sensible par une cadence de voix, ou par la réunion de deux ou trois notes différentes sur une même syllabe, fit naître dans le chant des psaumes ce qu'on appelle la terminaison. C'était un expédient très-sage pour empêcher l'ennui dans la psalmodie; mais on ne se contenta pas de moduler la fin des versets, on s'aperçut que le sens demandait des pauses et des divisions. On devait faire sentir ces divisions ou distinctions par quelqu'espèce de modulation ; c'est ce qui donna l'idée de la médiation ou médiante des versets.

L'intonation est venue depuis, mais elle n'a pas été reçue aussi généralement, parce qu'elle n'a été inventée principalement que pour le premier verset de chaque psaume. La médiation des versets et leurs terminaisons sont les deux endroits où l'on s'est attaché à diversifier autant qu'il a été possible, parce que ce sont deux extrémités éloignées à peu près également l'une de l'autre.

Voici le tableau des intonations, des dominantes, des médiations et des terminaisons des psaumes et des cantiques, avec les règles particulières qui s'y rattachent.

PREMIER TON.

Autres terminaisons.

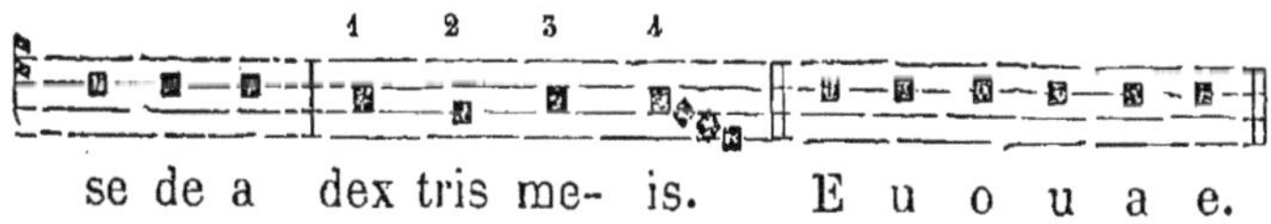

La médiation du premier ton n'a que deux notes sur lesquelles on applique deux syllabes longues. La terminaison est composée de quatre notes principales sur lesquelles on applique quatre syllabes.

Autres terminaisons.

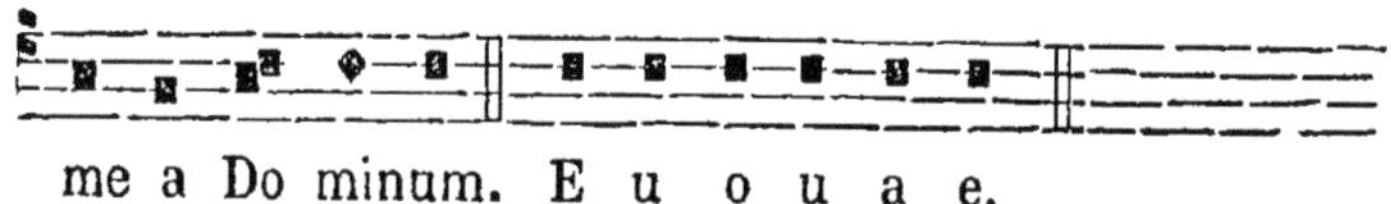

DEUXIÈME TON.

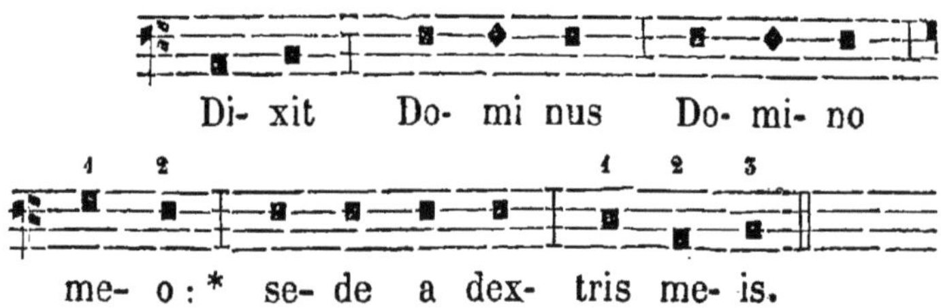

La finale est composée de trois notes sur lesquelles on applique trois syllabes longues. On ne compte pas les brèves.

Si la moitié du verset est terminée par un monosyllabe

ou par un mot, soit grec, soit hébreu, indéclinable, on ne fait pas la médiante ordinaire; mais on relève la dernière syllabe d'un ton au-dessus de la dominante. C'est ce qu'on appelle médiation différée. Cette régle s'applique aussi au 4e et au 8e ton.

Autre terminaison.

La médiation du 3e ton, comme on vient de le voir, se compose de quatre notes sur lesquelles on applique quatre syllabes longues. Cependant, il faut remarquer qu'on ne doit jamais commencer la médiation sur la dernière syllabe d'un mot, ni sur une syllabe brève. On doit dans ce cas la reculer d'une syllabe et en employer cinq au lieu de quatre. Cette règle, qui s'applique aussi au 7e ton, est inspirée par le bon goût, et fondée sur les lois de la déclamation.

QUATRIÈME TON.

Autres terminaisons.

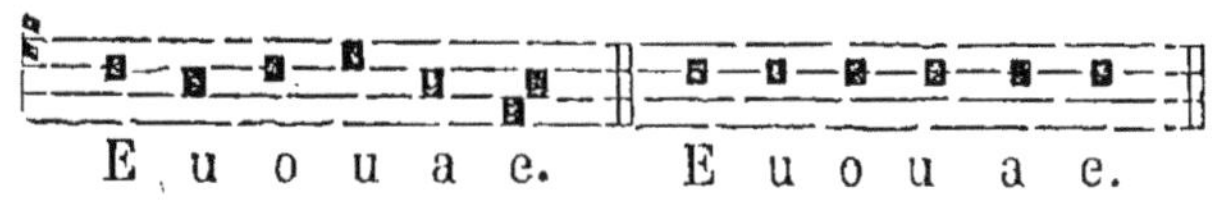

Médiations différées.

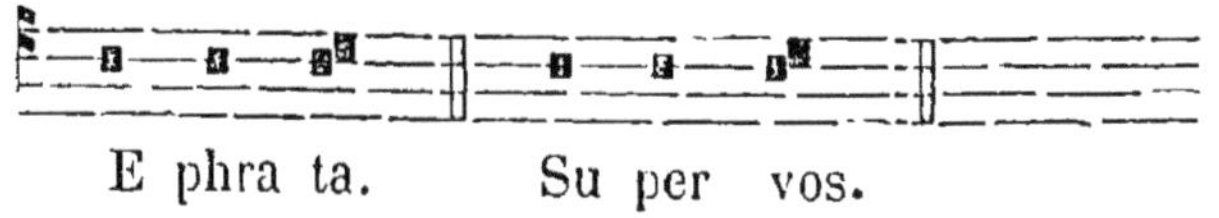

CINQUIÈME TON.

SIXIÈME TON.

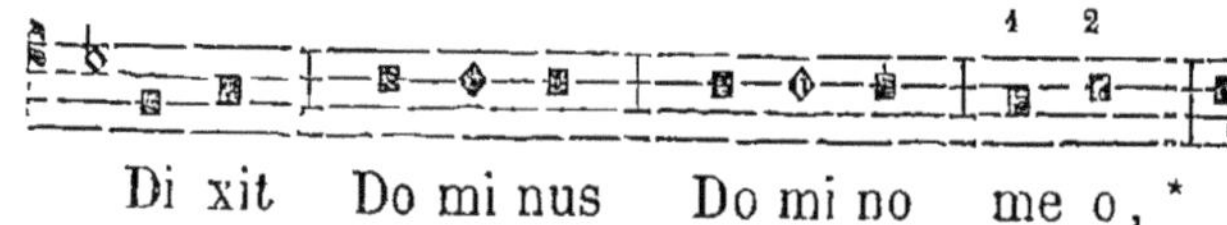

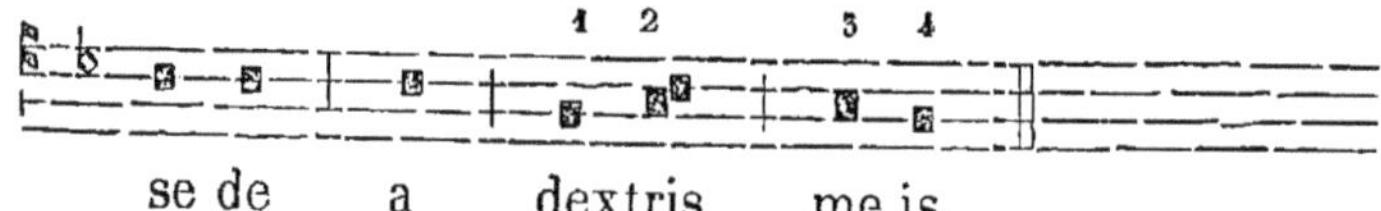

Le 1er et le 6e tons se trouvent notés avec un *za* à la médiante dans quelques éditions de l'*Antiphonaire* :

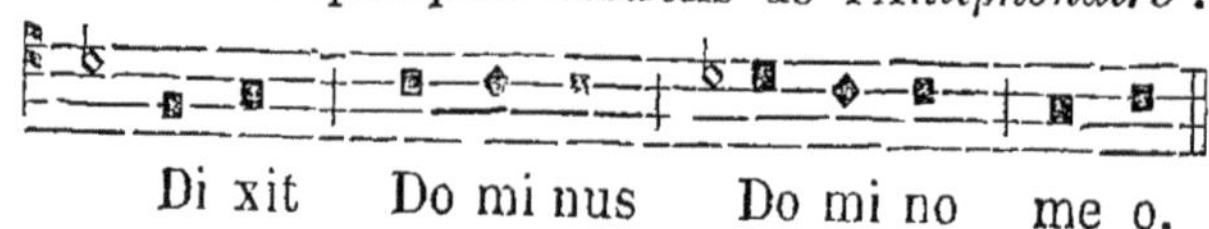

Ce *za*, à la vérité, est nécessaire à la médiante des cantiques, *Magnificat*, et *Benedictus ;* mais nous pensons qu'il est superflu dans le chant des psaumes et qu'on doit le supprimer. En effet, toutes les éditions anciennes ont écrit ces tons sans *za*, comme nous les avons notés ci-dessus.

SEPTIÈME TON.

Dans ce ton, comme dans le 3e, on ne doit jamais élever la médiation sur la dernière syllabe d'un mot, ni sur une pénultième qui est brève, mais sur la précédente. Exemple :

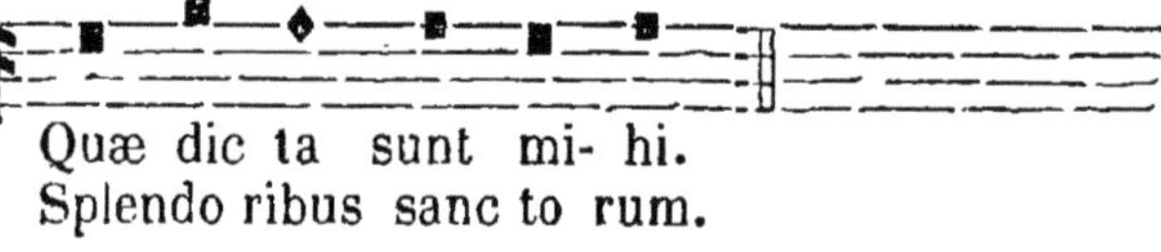

HUITIÈME TON.

La psalmodie produit un effet merveilleux, quand elle est exécutée par un chœur nombreux et avec un ensemble parfait. Pour obtenir cette union dans les voix, il faut distinguer deux sortes de repos dans les versets des psaumes ; le grand et le petit. Le grand repos s'observe au milieu et à la fin des versets. Le petit repos a lieu dans le cours des versets qui sont trop longs pour être chantés d'un seul trait.

On voit, par cet exemple, ce que c'est que le repos, et combien il importe que toutes les voix prononcent ensemble les mêmes notes et les mêmes paroles, afin d'observer le repos au même instant. Rien ne contribue plus à la beauté de la psalmodie.

Voici deux psaumes et deux cantiques qui serviront d'exercice. L'élève s'appliquera pendant plusieurs leçons à les chanter sur chacun des huit tons qui précèdent en observant exactement les règles que nous venons d'exposer. Le cantique *Benedictus* se chante de la même manière que *Magnificat.*

PSAUME.

Beâtus vir, qui timet Dominum : * in mandâtis ejus volet nimis.

Potens in terra erit semen ejus : * generâtio rectôrum benedicêtur.

Gloriâ et divîtiæ in domo ejus : * et justitia ejus manet in sæculum sæculi.

Exôrtum est in ténebris lumen rectis * misericors et miserâtor et justus.

Jucundus homo qui miserêtur et cômmodat, dispônet sermônes suos in judicio : * quia in æternum non commovébitur.

In memôria æterna erit justus : * ab auditiône mala non timébit.

Parâtum cor ejus sperâre in Dômino, confirmâtum est cor ejus, * non commovébitur donec despiciat, inimicos suos.

Dispérsit, dedit paupéribus, justitia ejus manet in sæculum sæculi, * cornu ejus exaltâbitur in glôria.

Peccâtor vidêbit et irascétur, déntibus suis fremet et tabéscet * desiderium peccatôrum peribit.

Glôria Patri et Filio, * et Spiritui Sancto.

Sicut erat in principio et nunc et semper * et in sæcula sæculorum. Amen.

PSAUME.

Lætâtus sum in his, quæ dicta sunt mihi : * in domum domini ibimus.

Stantes erant pedes nostri, * in âtriis tuis Jerûsalem.

Jerûsalem, quæ ædificâtur ut civitas : * cujus participâtio ejus in idipsum.

Illuc enim ascendérunt tribus, tribus Dômini * testimônium Israel ad confitendum nômini Domini.

Quia illic sedérunt sedes in judicio, * sedes super domum David.

Rogâte quæ ad pacem sunt Jerûsalem * et abundântia diligéntibus te :

Fiat pax in virtûte tua : et abundântia in tûrribus tuis.

Propter fratres meos et prôximos meos, * loquebar pacem de te.

Propter domum Dômini Dei nostri, * quæsivi bona tibi.

Glôria Patri et Filio, * et Spiritui Sancto.

Sicut erat in principio et nunc et semper * et in sæcula sæculorum Amen.

CANTIQUE.

Magnîficat * ânima mea Dôminum.

Et exultâvit spîritus meus : * in Deo salutâri meo.

Quia respéxit humilitâtem ancillæ suæ : * ecce enim ex hoc beâtam me dicent, omnes generatiônes.

Quia fecit mihi magna, qui potens est : * et sanctum nomen ejus.

Et misericôrdia ejus a progénie in progénies : * timéntibus eum.

Fecit poténtiam in brâchio suo : * dispersit supérbos mente cordis sui.

Depôsuit poténtes de sede, * et exaltâvit hûmiles.

Esuriéntes implêvit bonis, * et divites dimisit inânes.

Suscêpit Israel puerum suum, * recordâtus misericôrdiæ suæ.

Sicut locûtus est ad patres nostros, * Abraham et sémini ejus in sæcula.

Glôria Patri et Filio, * et Spiritui Sancto.

Sicut erat in princîpio et nunc et semper, * et in sæcula sæculorum. Amen.

CANTIQUE.

Benedîctus Dôminus Deus Israel, * quia visitâvit et fecit redemptiônem plebis suæ :

Et erexit cornu salûtis nobis, * in domo David pûeri sui.

Sicut locûtus est per os sanctôrum, * qui a sæculo sunt prophetârum ejus.

Salûtem ex inimicis nostris * et de manu ômnium qui odérunt nos.

Ad faciéndam misericôrdiam cum pâtribus nostris : * et memorâri testamenti sui sancti.

Jusjurândum quod jurâvit, ad Abraham patrem nostrum, * datûrum se nobis.

Ut sine timôre, de manu inimicôrum nostrôrum liberâti, * serviâmus illi.

In sanctitâte et justîtia coram ipso, * ômnibus diêbus nostris.

Et tu puer prophêta Altissimi vocâberis * præîbis enim ante fâciem Dômini parâre vias ejus.

Ad dandam sciéntiam salûtis plebi ejus : * in remissiônem peccatôrum eôrum.

Per vîscera misericôrdiæ Dei nostri : * in quibus visitâvit nos ôriens ex alto.

Illuminâre his qui in ténebris et in umbra mortis sedent : * ad dirigéndos pedes nostros in viam pacis.

Glôria Patri et Filio, * et Spiritui Sancto.

Sicut erat in principio et nunc et semper, * et in sæcula sæculorum. Amen.

Il est encore une chose essentielle à observer dans la psalmodie : c'est de chanter toutes les antiennes et tous les psaumes sur le même ton, ou à la même hauteur.

5.

C'est ce qu'on appelle observer la dominante, chanter à l'unisson.

Dans l'office des Vêpres, par exemple, après que le célébrant a chanté *Deus in adjutorium*, par lequel il désigne le ton du chœur; la première antienne, quelqu'en soit la clef, et le premier psaume s'élèvent ainsi :

Mais il y a un long calcul à faire pour conserver la même dominante dans toutes les antiennes. En effet, lorsqu'on finit une antienne il faut : 1° remonter de la finale à la dominante, 2° prendre la dominante de l'antienne suivante, sur le même ton que la dominante de l'antienne précédente, 3° descendre de cette dominante jusqu'à la première note de l'antienne que l'on veut entonner. Ces opérations sont trop longues et trop compliquées pour qu'un chantre puisse les faire, surtout quand des antiennes entièrement disparates se suivent avec rapidité.

Pour vaincre ces difficultés, l'auteur du *Traité de plain-chant à l'usage des séminaires*, a inventé un moyen aussi simple qu'ingénieux : il a placé à la fin des antiennes un guidon particulier qui indique le ton de la première note de l'antienne suivante. Ce guidon s'appelle *guidon d'intonation*, de l'usage auquel il est destiné.

Voici un exemple tiré des Vêpres du Dimanche. La première antienne finit sur *sol*, et le guidon *la* indique le ton sur lequel il faut chanter le *mi* de l'antienne suivante. La deuxième antienne finit sur *mi*, et le guidon *sol* qui suit indique le ton sur lequel il faut prendre le *sol* suivant. La troisième antienne finit sur *mi*, et le guidon *la* indique le ton sur lequel vous chanterez le *re* de l'antienne *Sit nomen*.

Il faut prendre ses mesures pour bien entonner la première antienne, car, sans cela, en suivant le guidon, toutes les antiennes seront mal entonnées. De plus, quand on s'aperçoit que le chœur est descendu, on regagnera facilement le bon ton en prenant l'antienne suivante un ton plus haut que le guidon d'intonation. De même, si le chœur est remonté, on prendra l'antienne suivante un ton plus bas que le guidon.

Tout ce que nous venons de dire, regarde la psalmodie composée. La psalmodie simple consiste à chanter les psaumes sur la dominante en supprimant les intonations, les médiantes et les finales. Le Confiteor et l'Absolution des Complies, se chantent en psalmodie simple, comme si c'étaient des psaumes.

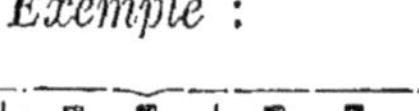

Exemple :

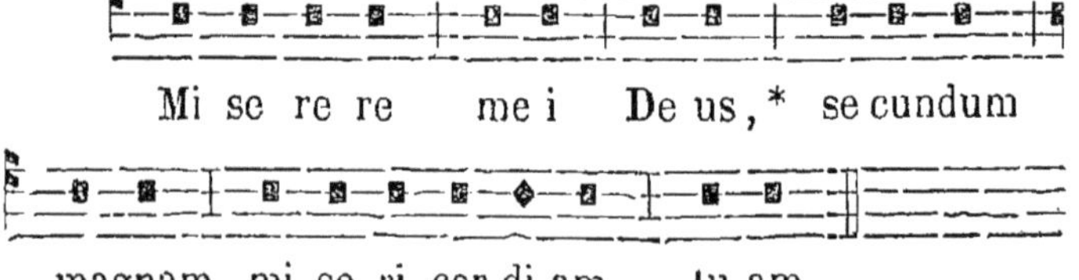

CHAPITRE X.

DE L'INTONATION.

L'exécution du chant dépend en grande partie de l'intonation. Or, l'intonation, pour qu'elle soit parfaite, doit réunir deux conditions : 1° il faut qu'elle soit juste; 2° il faut qu'elle soit prise au ton convenable.

Pour obtenir la justesse nécessaire, il faut, avant d'entonner une pièce de chant, faire bien attention à la position de la clef, ainsi qu'à la position des tons et des demi-tons. C'est par ignorance de la place qu'occupent les tons et les demi-tons dans la portée que bien des personnes entonnent mal une pièce, et la chantent faux d'un bout à l'autre. Le siége d'un ton ou d'un demi-ton se trouvant une fois déplacé, le déplacement se communique dans toute l'étendue de la pièce et produit une dissonance très-sensible aux oreilles des personnes tant soit peu exercées. Le moyen le plus facile d'assurer la justesse de l'intonation est de parcourir l'échelle ou la gamme du ton dans lequel on doit chanter.

Il ne suffit pas de savoir entonner juste une pièce de chant, il faut encore prendre l'intonation au ton convenable, c'est-à-dire, ni trop haut ni trop bas; sans cette attention on entonnera au hasard : la dominante sera trop basse ou trop élevée; d'où les voix perdent leur timbre et le chant devient fatigant et quelquefois ridicule.

Pour trouver le ton convenable d'une pièce, il faut partir de sa finale, en se conformant aux règles suivantes.

1re RÈGLE.

La finale des tons impaires se prend dans le bas de la voix. On concevra la raison de cette règle en se rappelant que les tons impairs ont leur étendue au-dessus de leur finale. La finale étant trouvée, avant de commencer l'intonation on s'établira dans le ton en parcourant la gamme ou l'échelle du ton dans lequel la pièce est notée.

2me RÈGLE.

La finale des tons pairs se prend dans le milieu de la voix. Cette règle vient aussi de ce que les tons pairs ont leur finale dans le milieu de leur étendue; de sorte qu'en prenant dans le milieu de la voix on se ménage de quoi fournir également pour le haut et pour le bas.

CHAPITRE XI.

DE LA MESURE.

Le plain-chant exige une certaine mesure; mais cette mesure est bien différente de celle de la musique (1).

La mesure, qui est l'âme de la musique, exige une exactitude rigoureuse et sans exception. Cette mesure marche continuellement d'un pas égal, assigne à chaque

(1) Méthode complète et raisonnée du chant ecclésiastique, page 15.

note sa place fixe et sa valeur relative. Les silences et les respirations, tout est compté.

Le plain-chant, au contraire, grave, simple et majestueux dans sa marche, semble se mettre au-dessus des lois si rigoureuses de la mesure musicale. La respiration, les repos, la tenue laissent toujours au chantre un certain loisir.

Si l'on demande maintenant en quoi consiste cette espèce de mesure. Le voici : elle consiste à bien observer les tenues; ainsi, quoique toutes les notes quarrées aient la même forme, il en est cependant sur lesquelles il faut appuyer davantage; il en est sur lesquelles il faut couler un peu plus rapidement. Il y a dans le plain-chant, comme dans la musique, *des bonnes notes;* c'est-à-dire, des notes sur lesquelles la nature de la modulation exige que l'on appuie d'une manière plus marquée. Un peu d'habitude et de bon goût suffit pour les découvrir. On pourrait dire, en général, que la note qui se trouve seule plus élevée dans un passage est une bonne note.

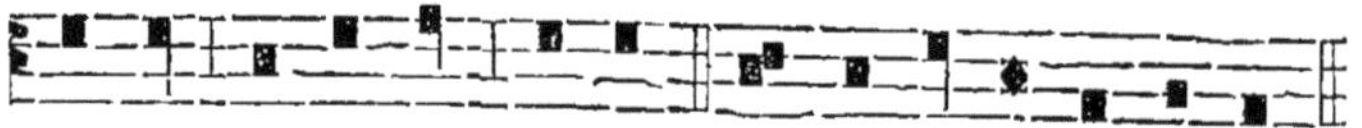

Ec ce sa cerdos magnus. Patrem omni po tentem.

Voici une autre observation qui n'est pas moins importante que celle qui précède. Tout chant, toute modulation doit être constamment en harmonie avec le sens et la saine déclamation des paroles. Le chant est pour ainsi dire un auxiliaire de la parole, ou, pour mieux dire, de la déclamation. Chez toutes les nations, chez tous les peuples et dans tous les temps on n'a eu recours au chant que pour mettre plus d'enthousiasme dans l'expression de ses sentiments.

Il suit de là que les phrases de la modulation doivent toujours être en rapport avec les phrases des paroles. Or, comme dans le discours les phrases se divisent en diverses périodes et en divers membres, toutes ces divisions doivent se trouver aussi dans les phrases du chant. Il est donc extrêmement essentiel de saisir ces divisions, pour ne faire les repos que là où le sens des paroles l'exige. Ces repos sont au chant ce que la ponctuation est au discours. De même qu'une écriture sans ponctuation serait inintelligible, de même aussi le chant sans rithme est un chant sans beauté et sans attrait, parce qu'il est inintelligible (1).

Voici un exemple qui facilitera beaucoup l'intelligence de ce que nous venons d'expliquer. On trouvera dans les phrases du chant une ressemblance aussi frappante que celle qui existe entre les vers qui composent chaque strophe. La strophe est composée de quatre vers, et le chant de quatre phrase qui y correspondent exactement; de plus chaque phrase de chant se soudivise en deux membres, dont la séparation est indiquée par une longue barre. Les notes à queue marquent les tenues.

(1) Voyez le *Traité de plain-chant*, à l'usage des Séminaires.

Le rithme est très-sensible dans plusieurs offices modernes. Nous citerons surtout les proses de Pâques, de la Pentecôte et celle du saint Sacrement ; la messe royale *Nova missa* de Dumont, le Credo de Double, etc.

CHAPITRE XII.

DE LA MANIÈRE DE CONDUIRE LE CHOEUR.

Le talent d'un chantre, fort de ses principes, se décèle principalement dans la conduite du chœur.

Ce talent consiste surtout à saisir toujours dans les intonations le ton le plus convenable, le plus proportionné aux différentes voix qui composent le chœur ; de manière qu'il ne soit, ni trop haut pour les voix basses, ni trop bas pour les voix hautes. Ainsi le ton du chœur doit être : 1° proportionné aux voix dont le chœur se compose ; 2° proportionné au degré de solennité des offices, c'est-à-dire, plus ou moins élevé selon que l'office est plus ou moins solennel.

Le ton du chœur étant une fois établi d'une manière convenable dans le premier morceau de l'office, est comme le pivot sur lequel tout le chant doit rouler. Sur ce ton régulier et général doivent être prises toutes les dominantes des pièces suivantes. Pour bien comprendre ceci il faut faire attention aux observations qui suivent.

Quoique les divers morceaux de chant qui composent un office aient des notes différentes pour dominantes, il faut les mettre toutes au même degré d'élévation, comme si l'on disait sans hausser ni baisser la voix, *la fa ut re*, qui sont les quatre dominantes des huit tons. Cette opération s'appelle réduction des dominantes, chanter à l'unisson. Voyez ce que nous avons dit au chapitre de la Psalmodie. En appliquant ces observations à la Messe entière, l'Introït, les Kyrie, le Gloria, le Graduel, etc., devraient être chantés sur le même degré d'élévation ; c'est-à-dire que la dominante de l'Introït, que nous supposons *la*, doit servir de règle et de ton aux dominantes des morceaux suivants. Le prêtre lui-même, en chantant les Collectes, les ministres, en chantant l'Épitre et l'Évangile, doivent se conformer à cette uniformité en se réglant sur la dominante du chœur.

On peut dire que toute la beauté et la perfection du chant, consiste à observer cette règle. Toutefois, on rencontre souvent des pièces dont l'étendue est trop au-dessus ou trop au-dessous de leurs dominantes ; dans ce cas, on peut changer le ton du chœur, en le baissant ou en le haussant d'un ton, ce que l'expérience apprendra facilement.

Comme la diversité des offices demande qu'on diversifie le ton, elle exige aussi qu'on chante avec une mesure convenable à chacun. Aux fêtes de premier ordre, il faut chanter fort lentement; aux fêtes de second ordre, il faut chanter modérément ; et aux fêtes qui sont au-dessous, comme semidoubles, simples, et féries, on chante, comme on dit, rondement; mais toujours sans précipitation. Telle est la mesure qui doit s'observer dans le chant, afin qu'on remarque la différence des offices par le ton plus ou moins élevé et par la manière plus ou moins posée dont on chante.

Il est encore d'autres observations qui regardent la direction du chœur. Les voici.

Si dans le courant d'un morceau quelque voix fausse vient à baisser ou à hausser le ton, celui qui conduit le chœur doit ramener le ton véritable le plus tôt qu'il le pourra sans troubler le chœur. Je dis *sans troubler le chœur;* car, en général, lorsqu'un chœur détonne, il vaut mieux attendre qu'il soit arrivé à un repos, et rendre le ton convenable par un léger signal, que de prétendre l'emporter de force en corrigeant la faute à l'instant même. Il n'y a rien qui trouble plus l'office que cette dissonance de voix continuée dans une pièce entière.

Aux offices des morts il convient de chanter un peu

plus bas que dans toute autre circonstance. Cet abaissement respire quelque chose de lugubre.

CHAPITRE XIII.

DE L'ORGANISTE.

Le chapitre qui précède regarde aussi l'organiste. C'est à lui surtout qu'appartient la direction du chœur, puisque c'est lui qui détermine le degré d'élévation de chaque morceau, en les réduisant tous à une seule dominante. Il est donc indispensable de connaître les gammes musicales qu'il convient de substituer à celles du chant grégorien. Or, les huit tons du plain-chant peuvent être exécutés sur deux dominantes différentes; savoir : *la* ou *sol*. En général, on tient le *sol* pour dominante dans les offices ordinaires; et on tient le *la* dans les offices solennels.

TABLEAU DES HUIT TONS,

En supposant leurs dominantes transposées à l'unisson de La.

PRIMI.

Accompagnement en *Ré mineur.*

SECUNDI.

Accompagnement en *Fa dièse mineur.*

TERTII.

Accompagnement en *La majeur.*

QUARTI.

Accompagnement en *Fa majeur* finissant sur *Mi.*

QUINTI.

Accompagnement en *Ré majeur*.

SEXTI.

Accompagnement en *Fa majeur*.

SEPTIMI.

Accompagnement en *Ré majeur*.

OCTAVI.

Accompagnement en *La majeur*.

TABLEAU DES HUIT TONS,

En supposant leurs dominantes transposées à l'unisson de Sol.

PRIMI.

Accompagnement en *Ut mineur.*

SECUNDI.

Accompagnement en *Mi mineur.*

TERTII.

Accompagnement en *Sol majeur.*

QUARTI.

Accompagnement en *Mi bémol* finissant sur *Re.*

QUINTI.

Accompagnement en *Ut majeur.*

SEXTI.

Accompagnement en *Mi bémol.*

SEPTIMI.

Accompagnement en *Ut majeur.*

OCTAVI.

Accompagnement en *Sol majeur.*

Pour éviter la peine de recourir au Graduel et à l'Antiphonaire, nous en avons extrait plusieurs morceaux d'une difficulté spéciale que nous avons placés à la fin de cette Méthode pour servir d'exercice.

Dans les nouvelles éditions des livres de chant on a ajouté une cinquième ligne pour éviter les transpositions des clefs; ce qui rend l'exécution du chant beaucoup plus facile. Cependant il est nécessaire que l'élève se familiarise avec ces transpositions, et c'est ce qui nous a engagé à les conserver dans quelques morceaux.

PIÈCES D'EXERCICES.

PREMIER TON.

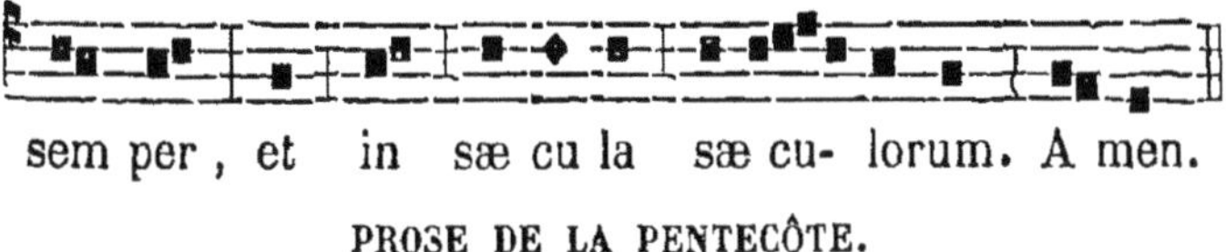

PROSE DE LA PENTECÔTE.

DEUXIÈME TON.

RÉPONS DE LA BÉNÉDICTION DES RAMEAUX.

TROISIÈME TON.

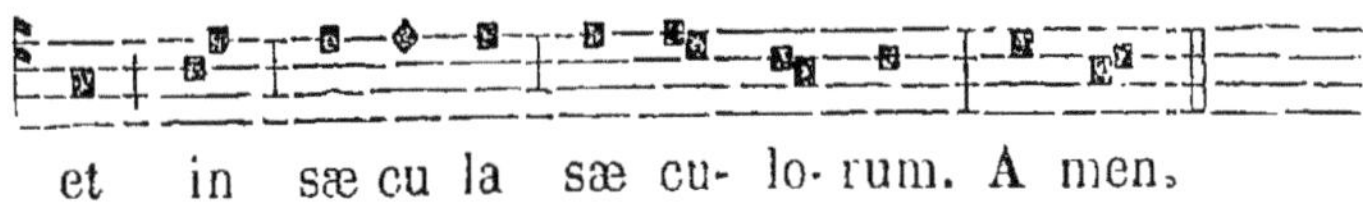

DE L'OFFICE DU SAMEDI-SAINT.

QUATRIÈME TON.

e rat in prin ci- pi- o et nunc et sem per
et in sæ cu la sæ cu lo rum. A men.
CINQUIÈME TON.
Introit.
Do- mi ne, in tu- a mi se ri-
cor- di- a spe- ra- vi :
e- xul ta- vit cor me um in sa lu ta- ri
tu- o : can ta bo Do- mi no, qui,
bo- na tri- bu it mi- hi.
Us quequo, Do mi ne, o- bli vis ce ris me in
fi nem? Usquequo a ver tis fa- ci em tu am
a me. Glo ri- a Pa tri, et Fi- li- o et

7.

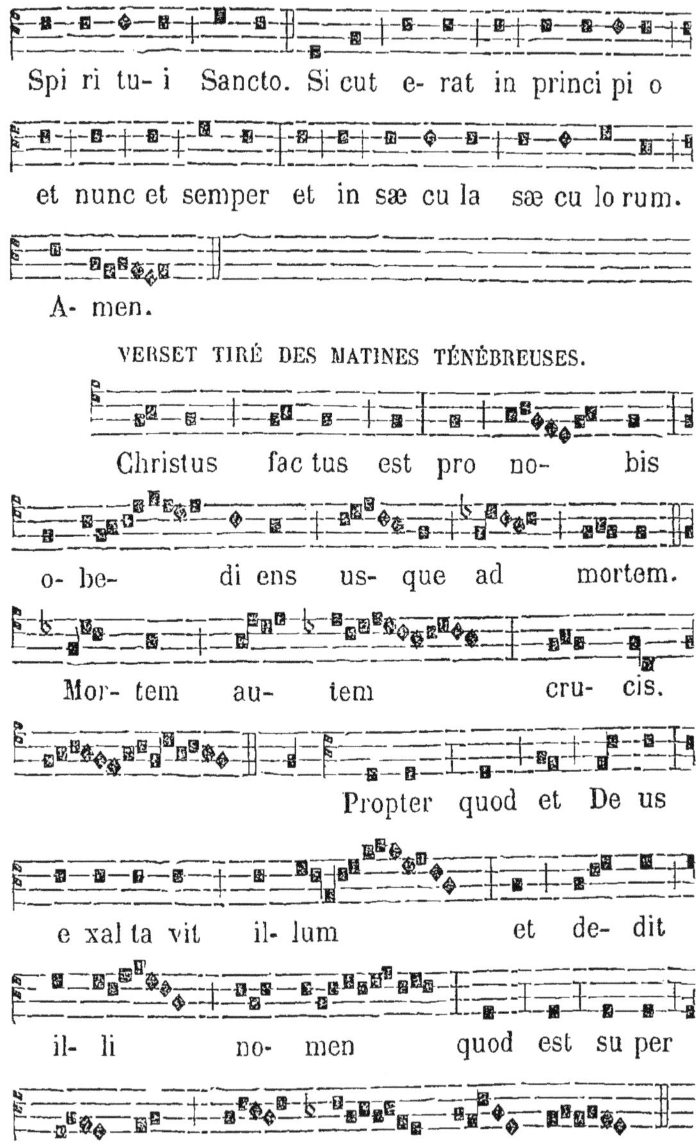
Spi ri tu- i Sancto. Si cut e- rat in princi pi o
et nunc et semper et in sæ cu la sæ cu lo rum.
A- men.
VERSET TIRÉ DES MATINES TÉNÉBREUSES.
Christus fac tus est pro no- bis
o- be- di ens us- que ad mortem.
Mor- tem au- tem cru- cis.
Propter quod et De us
e xal ta vit il- lum et de- dit
il- li no- men quod est su per
om- ne no- men.

SIXIÈME TON.

Introit.
Os jus- ti me- di- ta- bi- tur
sa pi- en- ti- am, et lin gua e- jus
lo que tur ju- di- ci um, lex De i
e- jus in cor- de ip- si- us. No- li
æ- mu la ri in ma- lignanti- bus. Neque
ze la veris fa cientes i- niqui tatem. Glori a
Pa tri et Fi- li- o et Spi ri- tu- i Sancto.
Si- cut e- rat in princi pi- o, et nunc et
semper et in sæ cu la sæ cu lo- rum. A men.

SEPTIÈME TON.

Introit.

PROSE DE LA FÊTE DU S. SACREMENT.

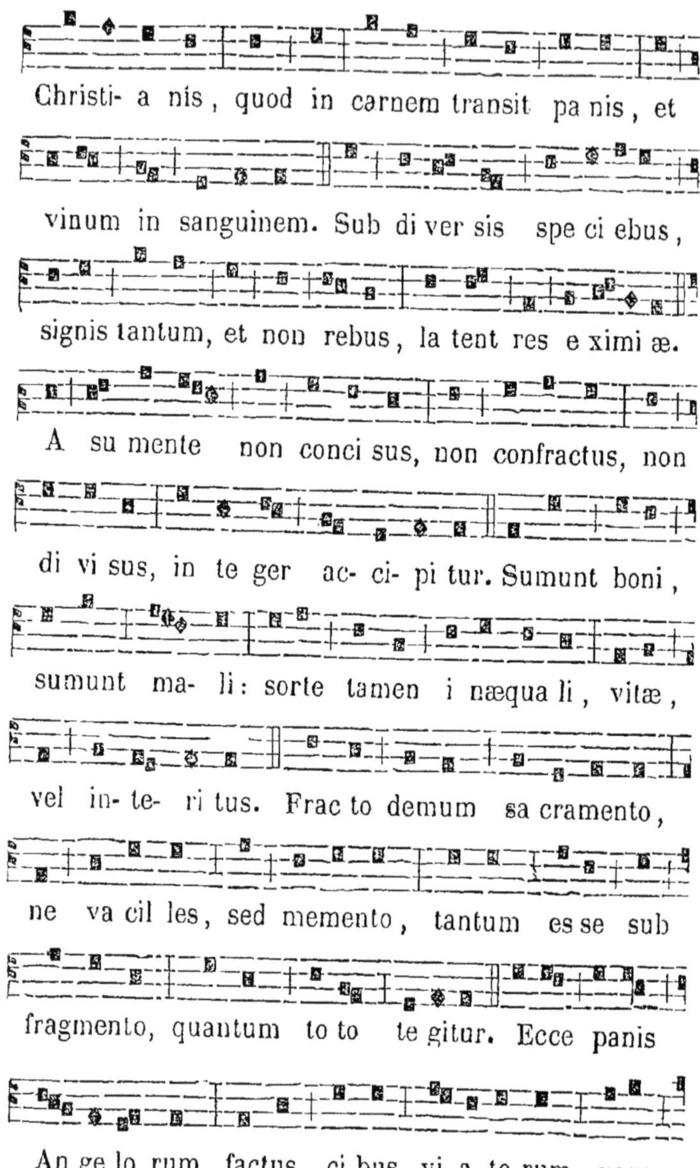
Christi- a nis , quod in carnem transit pa nis , et
vinum in sanguinem. Sub di ver sis spe ci ebus ,
signis tantum, et non rebus , la tent res e ximi æ.
A su mente non conci sus, non confractus, non
di vi sus, in te ger ac- ci- pi tur. Sumunt boni ,
sumunt ma- li : sorte tamen i næqua li , vitæ ,
vel in- te- ri tus. Frac to demum sa cramento ,
ne va cil les , sed memento , tantum es se sub
fragmento, quantum to to te gitur. Ecce panis
An ge lo rum, factus ci bus vi a to rum : vere

pa nis fi- li o rum, non mit ten dus ca ni bus.
Bo ne pastor, pa nis ve- re, Je- su nos tri,
mi se re re : tu nos pas ce, nos tu e- re : tu
nos bo na fac vi de re in ter ra vi ven ti um.
A- men. Al le- lu ia.

HUITIÈME TON.

CREDO

DE LA MESSE DU P. AGATHANGE.

ho mi nes, et propter nostram salutem des cen dit
de cœ- lis. Et in carna tus est de Spiritu
sanc to ex Ma ri- a Vir gine : et Ho- mo
factus est. Cru ci fix us etiam pro nobis : sub
Pon- ti- o Pi la to passus, et se- pultus est.
Et re sur- rexit ter ti- a di e se- cun- dum
Scriptu- ras. Et as- cen- dit in cœlum,
sedet ad dexteram Patris. Et i terum ven-
tu- rus est cum glo- ri- a ju di- ca- re
vi- vos et mor tu- os : cujus reg ni non

e- rit finis. Et in Spiritum sanctum Dominum,
et vi vi fi cantem, qui ex Pa- tre Fi li- oque
pro ce dit. Qui cum Pa tre et Fi li o simul a- do-
ra tur et con glo ri- fi- catur, qui lo cu tus est
per prophetas Et unam sànctam catholicam,
et a- pos to licam Ec cle si am. Confiteor unum
bap tis ma in remissi o nem pec- ca torum. Et
ex pecto re- sur- rec- ti onem mortu- o- rum.
Et vi- tam ven tu- ri sæ- cu li. A-
men.

INTONATIONS DE LA MESSE.

AUX FÊTES SOLENNELLES.

MESSE DU 8e TON PAR LA FEILLÉE.

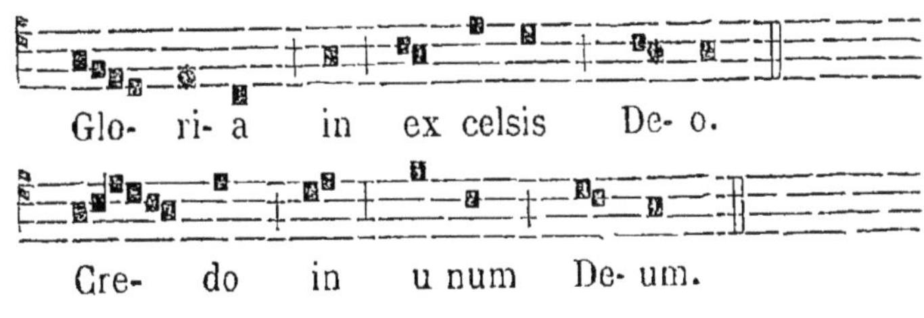

AUX FÊTES DE LA SAINTE VIERGE.

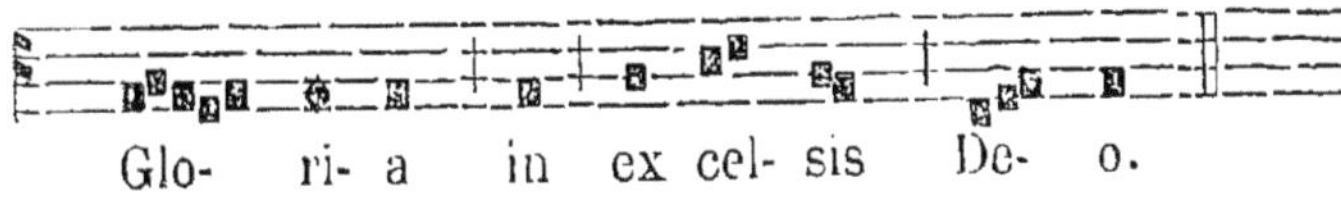

AU TEMPS PASCAL.

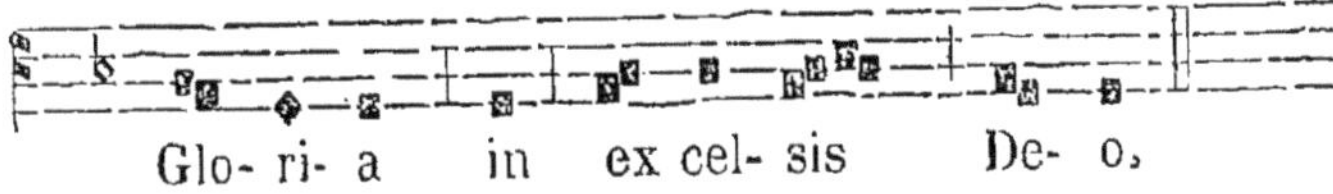

AUX FÊTES DOUBLES.

AUX FÊTES SEMI-DOUBLES.

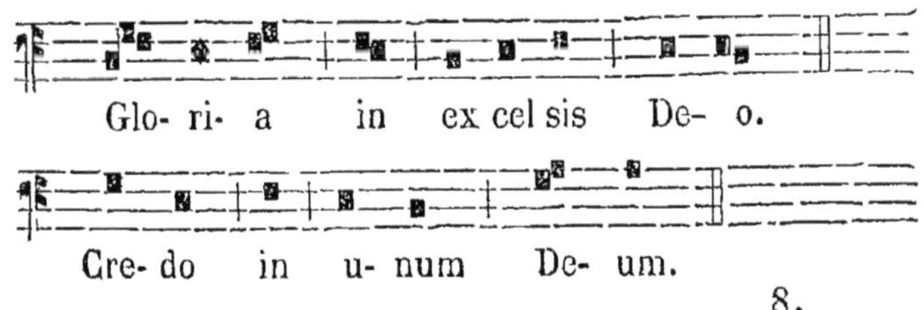

MANIÈRE DE CHANTER LES ORAISONS.

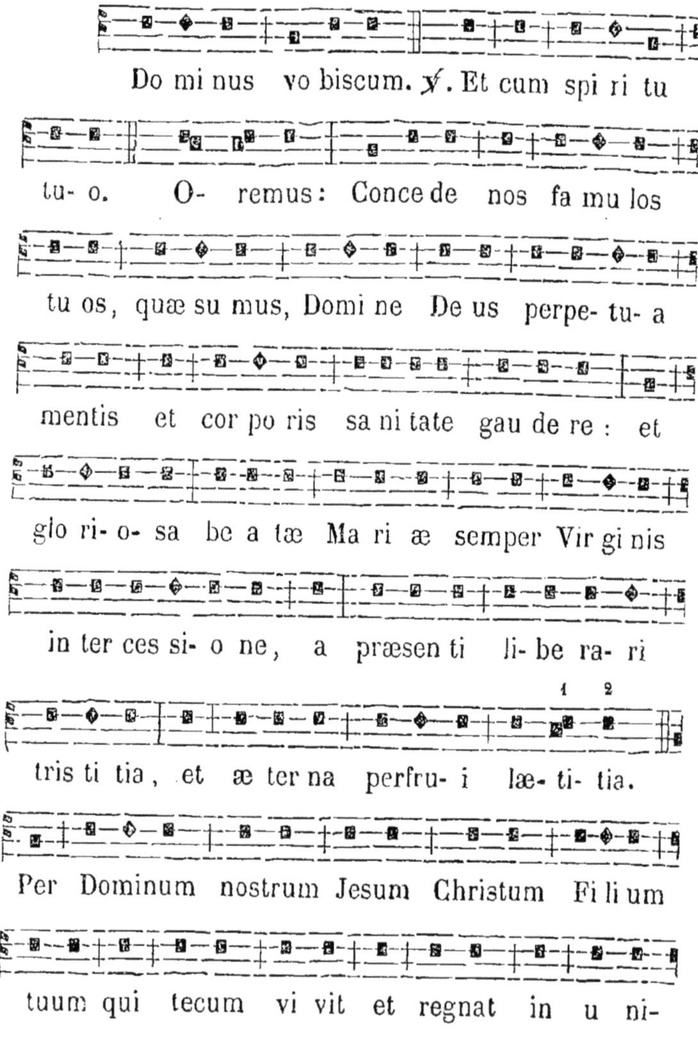

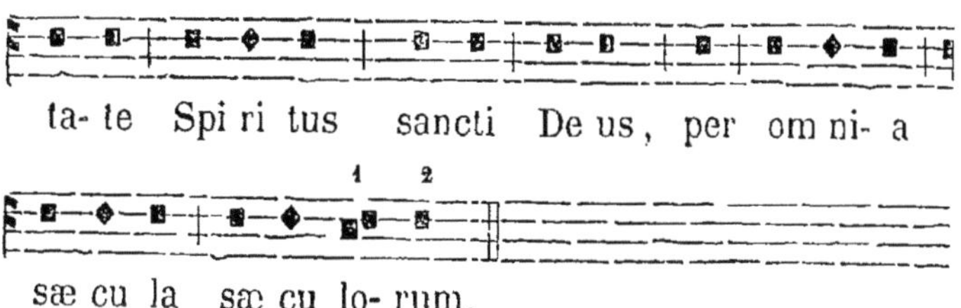

EXERCICE.

OREMUS.

A cunctis nos, quæsumus, Domine, mentis et corporis defende periculis; et intercedente béata et gloriosa semper Virgine Dei genitrice Mariâ, cum beatis Apostolis tuis Petro et Paulo, atque beato N. et omnibus Sanctis, salutem nobis tribue benignus et pacem : ut destructis adversitatibus, et erroribus universis, Ecclesia tua secura tibi serviat libertate. Per eumdem.

DE L'ÉPITRE.

Le sousdiacre pour l'Épître, aussi bien que le diacre pour l'Évangile, doit, autant que sa voix le comporte, prendre la dominante du chœur. On fait si peu d'attention à cette règle, et l'on est si habitué d'entendre chanter l'Oraison, l'Épître et l'Évangile sur trois tons différents, que l'on se persuade que c'est une nécessité. Aussi quelques prêtres, lorsqu'ils célèbrent seuls, chantent l'Oraison sur un ton, l'Épître sur un ton différent, et l'Évangile sur un autre ton encore. C'est s'efforcer, bien inutilement, de faire croire aux oreilles détrompées par les yeux, qu'il y a trois prêtres à l'autel.

Voici les règles qui concernent le chant de l'Épître.

1. *Au point* il faut quatre syllabes longues; on ne compte pas les brèves. Observez cependant que, si la première de ces syllabes était la dernière d'un mot, il convient de reculer l'inflexion et de la commencer sur la pénultième syllabe. Dans ce cas, on emploie cinq syllabes longues au lieu de quatre.

Exemple :

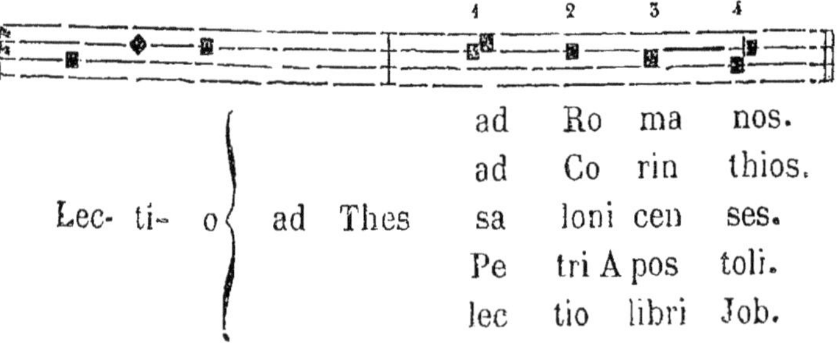

2. *Aux deux points* il faut quatre syllabes longues ou brèves.

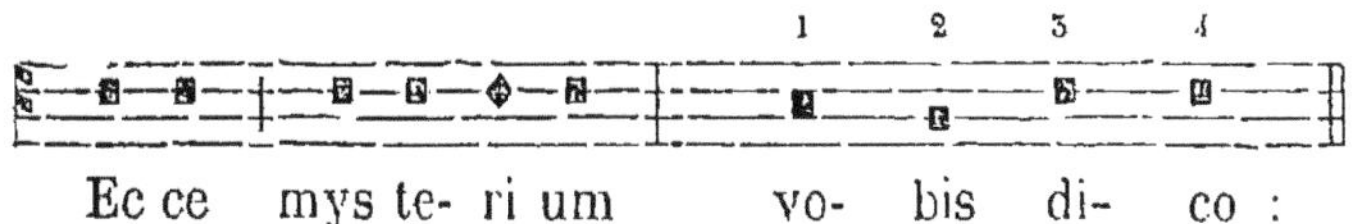

2. *Le monosyllabe* ne demande que deux syllabes longues.

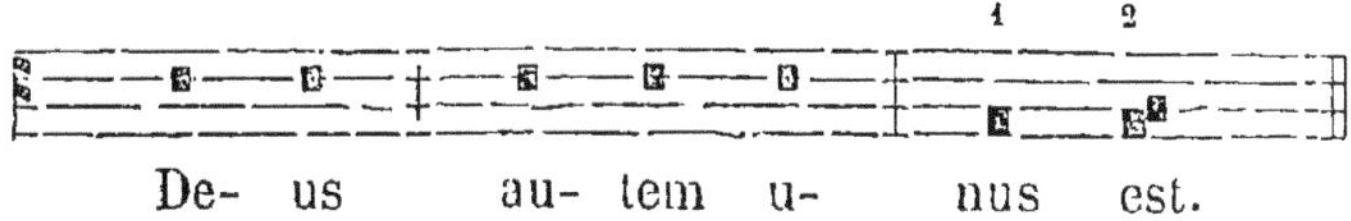

4. *Le point d'interrogation* se chante de cette manière :

5. *La finale* enfin exige quatre syllabes :

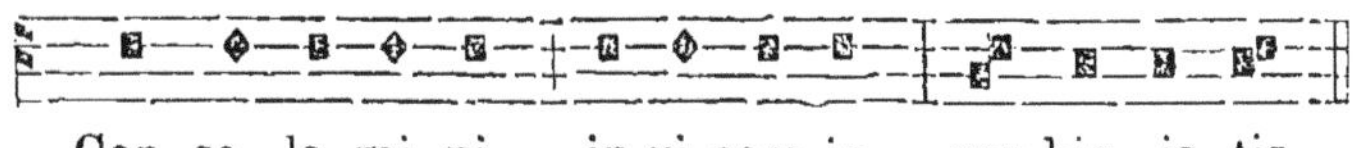

EXERCICE.

Lectio Epistolæ beati Pauli Apostoli ad Galatas. C. 3.

Fratres, Abrahæ dictæ sunt promissiones, et semini ejus. Non dicit : Et seminibus, quasi in multis, sed quasi in uno : et semini tuo qui est Christus. Hoc autem dico, testamentum confirmatum à Deo : quæ post quadringentos et triginta annos facta est lex, non irritum facit ad evacuandam promissionem. Nam si ex lege hereditas, jam non ex promissione. Abrahæ autem per repromissionen donavit Deus. Quid igitur lex? Propter transgressiones posita est, donec veniret semen, cui promiserat, ordinata per Angelos in manu mediatoris. Mediator autem unius non est : Deus autem unus est. Lex ergo adversus promissa Dei? Absit. Si enim data esset lex, quæ posset vivificare, vere ex lege esset justitia. Sed conclusit scriptura omnia sub peccato, ut promissio ex fide Jesu Christi daretur credentibus.

DE L'ÉVANGILE.

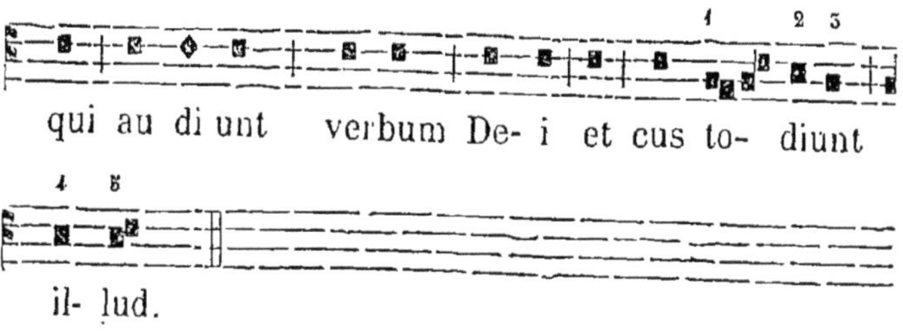

On voit, par ce qui précède, que l'inflexion qui se fait au point ne demande que deux syllabes longues.

Celle des deux points, du monosyllabe et du point d'interrogation se chante de la même manière que dans l'Épître.

Dans l'Évangile *Initium* de S. Matthieu, il se trouve un point tous les trois mots. Cette inflexion du point répétée trop souvent et sans interruption deviendrait monotone et fastidieuse. On peut y remédier en donnant à un certain nombre de ces points l'inflexion des deux points.

L'interrogation fatigue l'oreille quand elle est trop longue, comme dans l'Evangile : *Quis enim ex vobis*, Luc. XIV, d'un Martyr pontife. On peut faire disparaître cette longueur en chantant le commencement sur le ton de la narration et en ne faisant l'interrogation que vers le milieu de la phrase

EXERCICE.

Dominus vobiscum.

Sequentia sancti Evangelii secundum Matthæum.

In illo tempore : Cum audisset Joannes in vinculis opera Christi, mittens duos de discipulis suis, ait illi : Tu es qui venturus es, an alium expectamus? Et respondens Jesus ait illis : Euntes renuntiate Joanni quæ audistis et vidistis. Cæci vident, claudi ambulant, leprosi mundantur, surdi audiunt, mortui resurgunt, pauperes evangelizantur : et beatus est, qui non fuerit scandalizatus in me. Illis autem abeuntibus, cœpit Jesus dicere ad turbas de Joanne : Quid existis in desertum videre? Arundinem vento agitatam? Sed quid existis videre? Hominem mollibus vestitum? Ecce qui mollibus vestiuntur, in domibus regum sunt. Sed quid existis videre? Prophetam? Etiam dico vobis, et plus quam Prophetam. Hic est enim de quo scriptum est : Ecce ego mitto angelum meum ante faciem tuam, qui præparabit viam tuam ante te.

PRÉFACE.

cum spi ri- tu tu- o. ℣. Sursum corda.
℟. Ha- be mus ad Do minum. ℣. Grati- as
a ga mus Domi no De o nostro. ℟. Dignum
et justum est, Vere Dignum et justum
est, æquum et salu- ta- re, nos tibi semper,
et u- bique grati- as a- gere; Domi ne
sancte, Pater omni potens æ terne Deus.
Qui cum uni genito Fili o et Spiritu sancto
u nus es De- us, u- nus es Do minus
non in unius singula ri tate per- so næ, sed
in unius Trini- ta- te substan ti æ. Quod

e nim do tua glori- a revelante te cre-
dimus, hoc de Fili o tu o, hoc de Spiri tu
sancto sine dif fe- renti a discre ti- o- nis
sen ti- mus. Ut in confes si one veræ, sempi-
ternæque De- i- ta- tis, et in personis pro-
pri etas et in essen ti- a u- nitas, et
in Majes ta te a- do- re- tur æ- qua li tas.
Quam laudant Ange- li, atque Ar- change li,
Cherubim quoque ac Seraphim, qui non cessant
clamare quoti di e u na vo- ce di- centes.

ITE MISSA EST.

AUX FÊTES SOLENNELLES.

MESSE ROYALE, NOVA MISSA.

MESSE DES ANGES.

MESSE DE LA SAINTE VIERGE.

LE JOUR DE PAQUES.

TEMPS PASCAL.

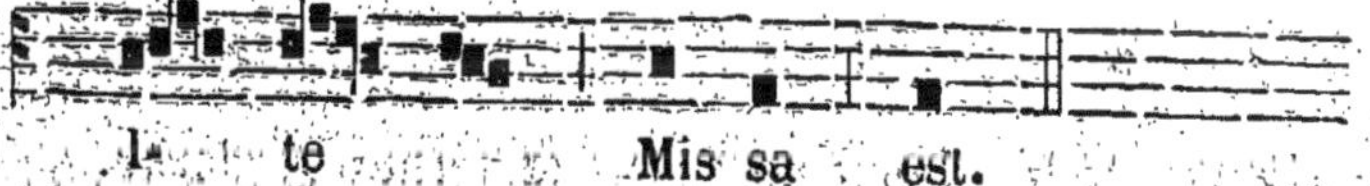

AUX FÊTES DOUBLES.

AUX FÊTES SÉMIDOUBLES.

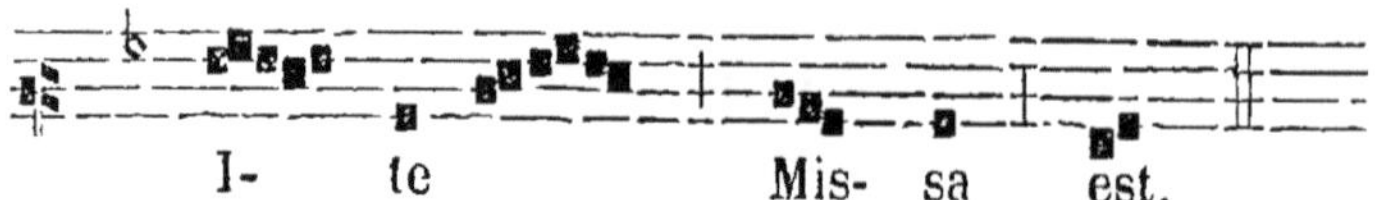

LES DIMANCHES DE L'AVENT, ETC.

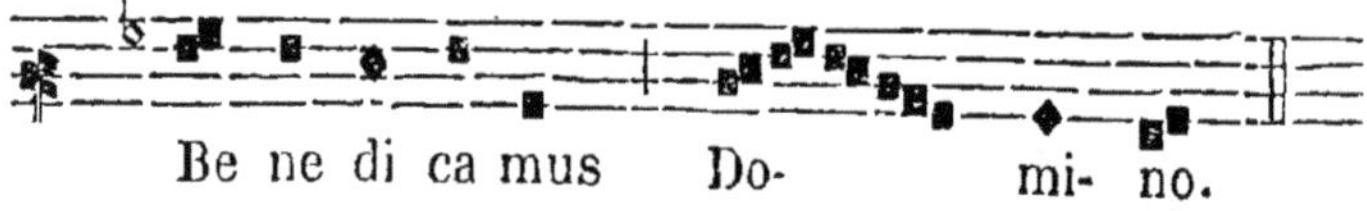

AUX MESSES DES MORTS.

INTONATIONS DE L'OFFICE DIVIN.

A VÊPRES.

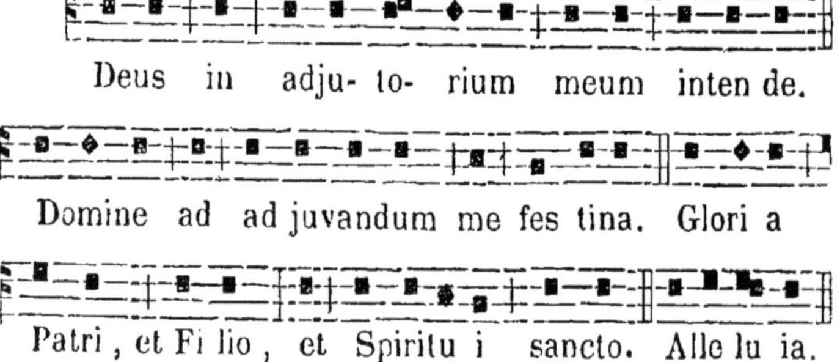

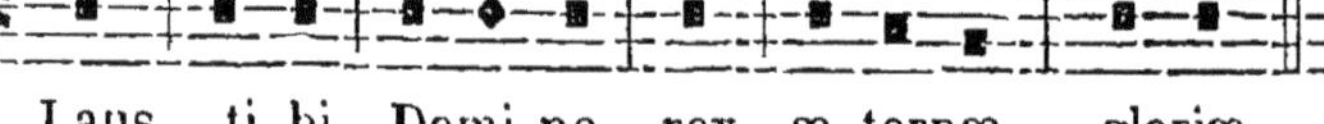

Le capitule suit l'inflexion de l'épître aux deux points et à l'interrogation. Le point qui se rencontre parfois au milieu se chante comme les deux points. On le termine par l'inflexion suivante :

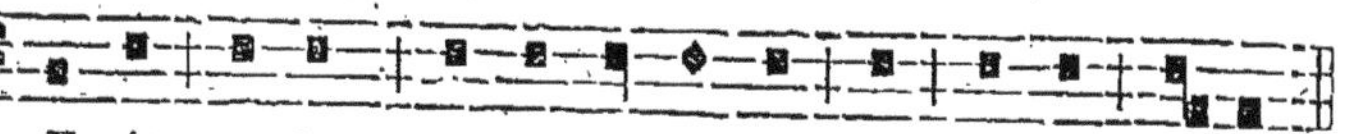

Fecit enim mi ra bi- li- a in vi ta sua.

A MATINES.

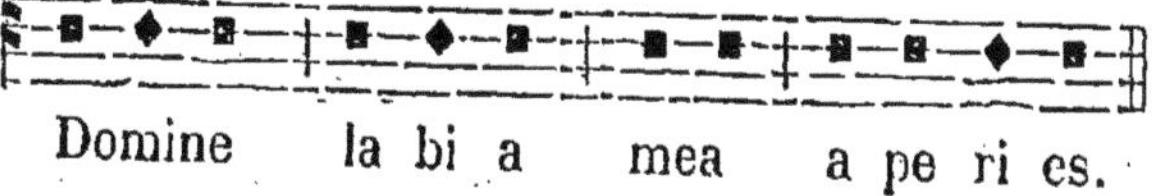

Domine la bi a mea a pe ri es.

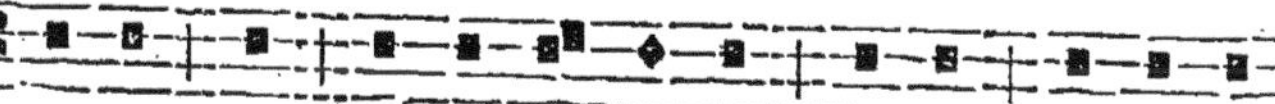

Deus in ad ju- to- rium meum inten de.

Chaque nocturne est terminé par un verset qui se chante ainsi :

Surrexit Dominus de sepulchro. Allelu ia.

Après les versets de chaque nocturne, l'officiant dit :

Pater noster. *Secrète.* Et ne nos in ducas in

tenta- ti onem.

Suit l'absolution.

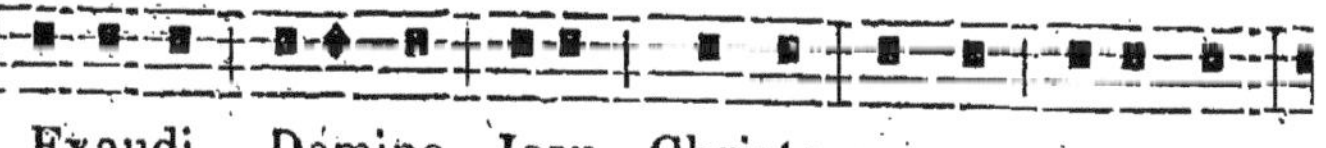

Exaudi, Domine Jesu Christe preces servorum,

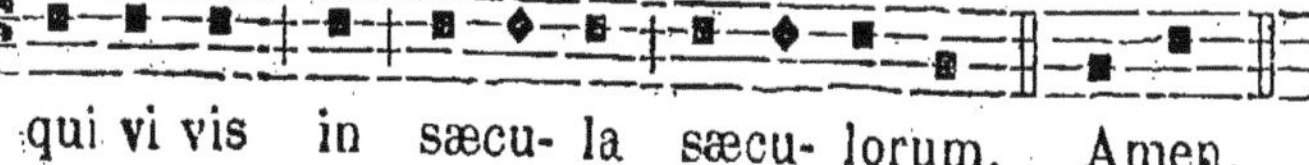

qui vi vis in sæcu- la sæcu- lorum. Amen.

DES LEÇONS.

Le chant des leçons contient plusieurs inflexions : le point, les deux points, le point d'interrogation, le monosyllabe et la finale.

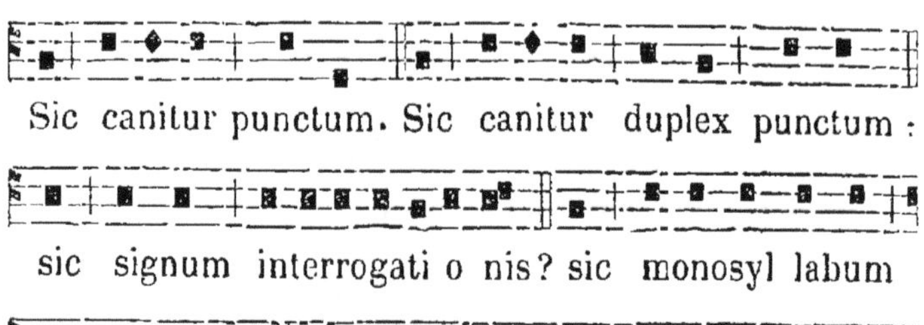

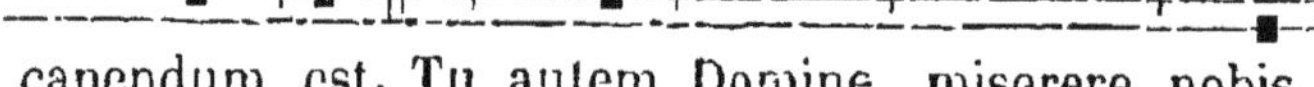

Dans l'office des morts, les versets qui suivent chaque nocturne se chantent ainsi :

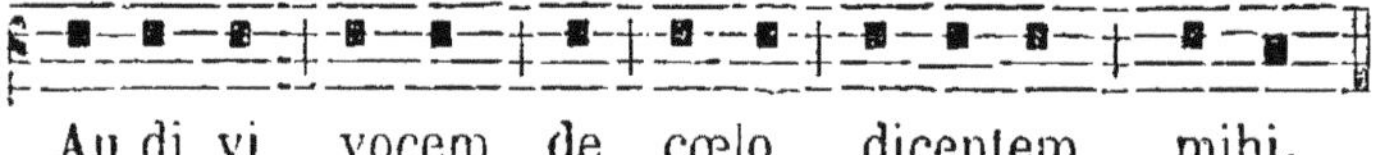

Les leçons se chantent comme il est indiqué ci-dessus, excepté la finale qui se termine de la manière suivante :

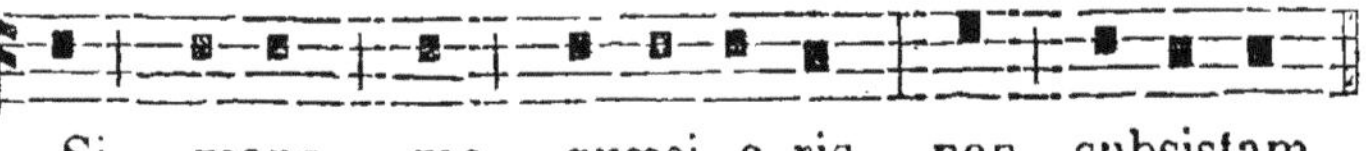

LE DIMANCHE DES RAMEAUX.

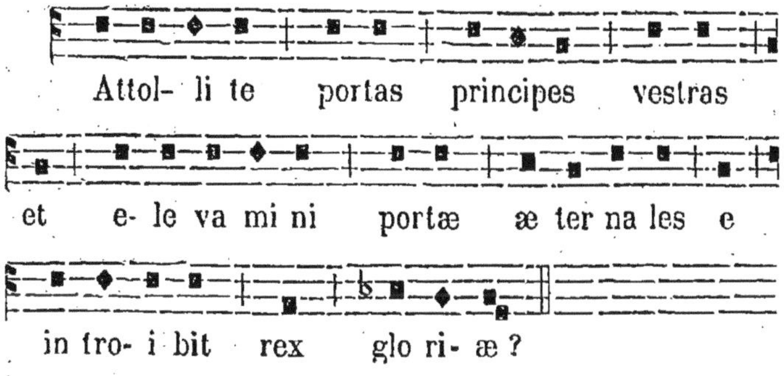

Les chantres qui sont à l'intérieur de l'église chantent chaque fois.

Le prêtre répond à la 1re et à la 2e interrogation.

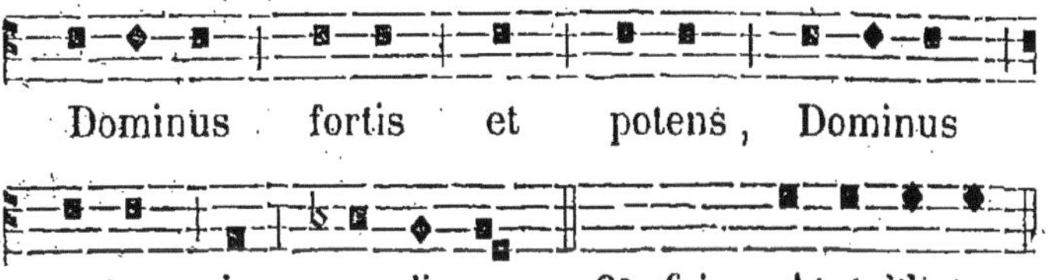

Ce morceau se chante trois fois, et chaque fois sur un ton plus élevé.

A la 3e interrogation le prêtre répond :

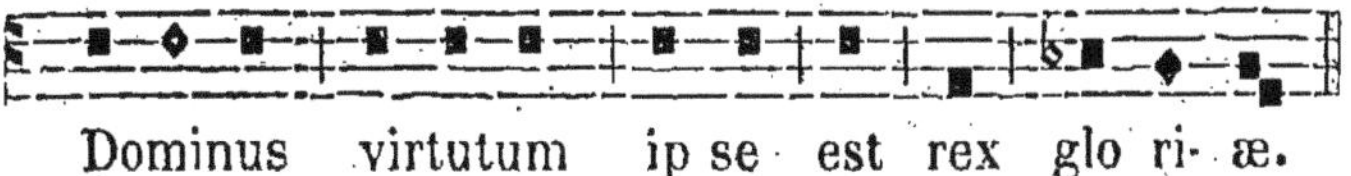

DE LA PASSION.

Le chant de la Passion, pendant les offices de la semaine sainte, inspire une grande dévotion, quand il est bien exécuté. Pour rendre ce grand événement plus sensible, l'Église fait entendre trois voix. Voix de l'historien ou du chroniste (C) qui raconte le fait, c'est le diacre; voix des Juifs ou de la Synagogue (S) qui accuse le Sauveur et demande sa mort, c'est le sousdiacre; voix de l'auguste Victime (†) qui conserve au milieu de ses bourreaux un calme plein de dignité et la douceur d'un agneau, c'est le prêtre. On croit assister à cette scène terrible, et l'on éprouve tout à la fois des sentiments de terreur et d'indignation, de piété et d'admiration qu'on chercherait vainement dans une simple lecture de la Passion.

La partie du diacre est la plus difficile parce qu'elle contient plus d'inflexions. Celle du sousdiacre est la plus brillante. Il faut pour y réussir une voix juste, claire, un peu éclatante et élevée; elle demande aussi un mouvement un peu animé. La partie du célébrant est la plus touchante; elle demande une voix assez onctueuse, un ton même quelque peu triste.

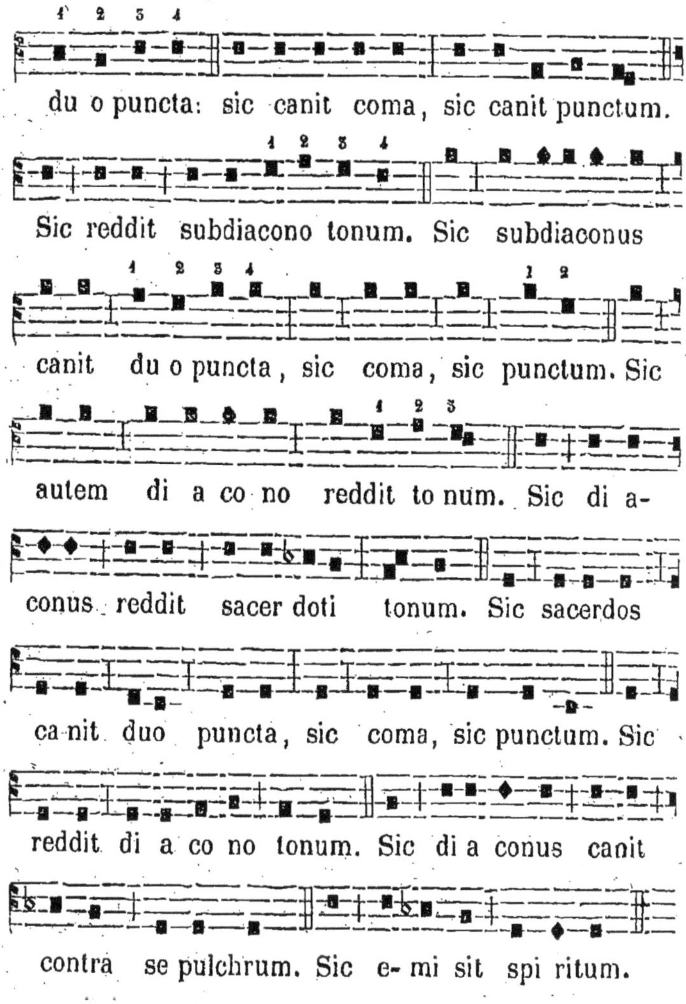

1 2 3 4
du o puncta: sic canit coma, sic canit punctum.
1 2 3 4
Sic reddit subdiacono tonum. Sic subdiaconus
1 2 3 4
1 2
canit du o puncta, sic coma, sic punctum. Sic
1 2 3
autem di a co no reddit to num. Sic di a-
conus reddit sacer doti tonum. Sic sacerdos
ca nit duo puncta, sic coma, sic punctum. Sic
reddit di a co no tonum. Sic di a conus canit
contra se pulchrum. Sic e- mi sit spi ritum.

ORAISONS DU VENDREDI-SAINT.

O remus, di lec tis si mi nobis, pro

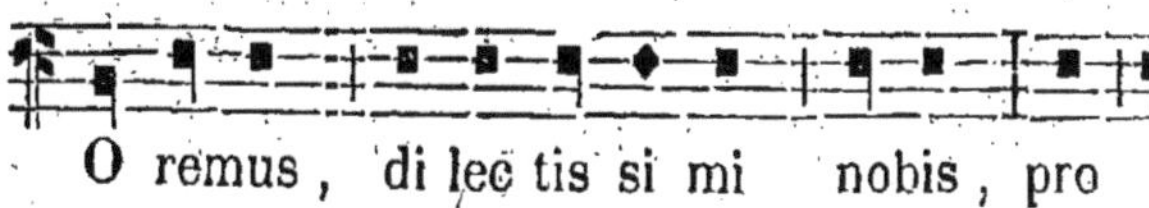

Eccle- si a sancta De i : ut e am Deus
et Dominus noster paci- fi care, a du nare,
et custo di re dignetur toto orbe terrarum :
subji ciens e i princi- patus, et potestates ;
detque nobis qui e tam et tranquillam vitam
de gentibus, glo ri- fi ca re Deum Patrem
omni potentem. O remus. Flectamus genua
Le va te. Omni potens sempi terne
Deus, qui glori am tuam omnibus in
Christo gentibus re ve las ti, etc. Per eumdem

ADORATION DE LA CROIX.

Ce morceau doit être chanté 3 fois, et chaque fois sur un ton plus élevé.

ALLELUIA DU SAMEDI-SAINT.

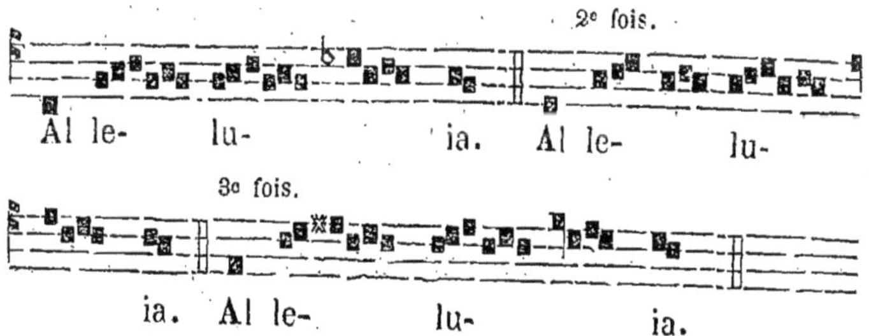

TABLE.

FIN DE LA TABLE.

www.ingramcontent.com/pod-product-compliance
Ingram Content Group UK Ltd.
Pitfield, Milton Keynes, MK11 3LW, UK
UKHW021106260726
13994UKWH00002B/746